Das echte New York mit Insider-Tipps einer Stadtführerin

Praktischer Reiseführer für Top-Highlights, pulsierende Stadtviertel und unentdeckte Orte abseits des Touristenstroms

INHALT

EINLEITUNG

Liebe New York Begeisterte,

dieser Reiseführer ist für alle geschrieben, die gerne mitten ins Leben von New York eintauchen möchten. Mit den aufgeführten Insider-Tipps und Anregungen nehme ich dich mit auf Wege abseits der Touristenströme. Natürlich werden auch alle bekannten Attraktionen aufgelistet und, wenn vorhanden, mit Insiderwissen ergänzt. Als Beispiel sei hier der „Midnight Moment“ am Times Square oder das Sonnenaufgangsticket für das Empire State Building genannt. Wer das echte New York entdecken möchte, hält mit diesem Buch einen Türöffner in der Hand. Du findest hier Bars und Restaurants, in denen sich New Yorker mit Freunden und Familie treffen, gemütliche Cafés, an denen man wahrscheinlich vorbeigehen würde, und ich stelle dir viele besondere Ecken, Märkte und kleinere Museen vor, die einen Besuch wert sind.

Aber das ist bei weitem nicht alles: Dieses Buch erklärt unter anderem, wo die besten Jazzkeller sind, wie man die günstigsten Konzerttickets findet oder wo man hingeht, um einen Abend besonders ausklingen zu lassen. Es gibt Tipps für Sparer und Tipps für Ausflüge mit Kindern und ganz nebenbei viele unkonventionelle Ideen, den Aufenthalt in New York zu gestalten. Als Stadtführerin habe ich New York zu meinem Beruf gemacht. Täglich freue ich mich darüber, wie vielfältig diese Stadt ist, wie lebendig und umtriebig. Man wird einfach nicht fertig, wenn man den Big Apple nach Kunst, Kultur und unbekannten Ecken erkundet. Wer neugierig ist, wer Lust hat überrascht zu werden und gerne staunt, wird hier fündig. Alle in diesem Reiseführer genannten Orte finden sich zudem zur praktischen Navigation vor Ort in der Online-Karte wieder. Die Insider-Tipps sind hierbei der jeweiligen Kategorie (Restaurant, Bar usw.) zugeordnet.

ONLINE-KARTE

BONUS

SPAZIERGÄNGE AUF EIGENE FAUST MIT WEGBESCHREIBUNGEN

Unter folgendem QR-Code findet man detaillierte Erklärungen und Online-Karten für Spaziergänge durch New York. Von den schönsten Wegen durch unbekannte Stadtviertel bis hin zu den besten Fußwegen von Highlight zu Highlight gibt es hier vieles auf eigene Faust zu entdecken.

Viel Spaß und Freude auf der New York Entdeckungstour!

Sonja Bredel

DIE FÜNF STADTBEZIRKE (BOROUGHS)

Seit 1898 ist New York nicht mehr allein nur Manhattan. Durch Abstimmung kamen Staten Island, Brooklyn, Queens und die Bronx dazu. New Jersey auf der Westseite des Hudson River ist bereits ein anderer Bundesstaat. Allerdings ist Jersey City und Hoboken durch den PATH (die New Jersey Subway nach Manhattan) und einige Busse sehr gut mit New York verbunden. Staten Island ist eine Insel im Süden Manhattans und die direkte Verbindung nach Manhattan ist nur per Fähre möglich. Diese ist dafür kostenlos.

Brooklyn, Queens und die Bronx sind mit der U-Bahn (Subway) sehr gut erreichbar. Es ist spannend, diese Boroughs zu erkunden. Es kann durchaus vorkommen, dass man Menschen aus Brooklyn oder Queens begegnet, die Manhattan als langweilig einstufen. Nur darf man beim Erkunden die Zeit nicht unterschätzen, die in New York auf Wege angerechnet werden muss. Deshalb empfehle ich für den ersten Besuch, die Viertel anzusteuern, die nicht allzu weit von Manhattan entfernt sind und eine gute Verbindung haben. Alternativ erkundigt man sich vorher per Google über die Fahrwege und -zeiten. Dasselbe gilt natürlich für die Wahl einer Unterkunft. In Bezug auf die Sicherheit ist zu sagen, dass New York und Berlin in etwa gleich sicher oder unsicher sind. Spätabends ohne Ortskenntnisse unterwegs zu sein, ist in Manhattan und direkter Umgebung jedenfalls kein Problem.

VON STADTVIERTEL ZU STADTVIERTEL

New York ist historisch von der Südspitze nach Norden gewachsen. Die einzelnen Kapitel in diesem Reiseführer sind deshalb entsprechend dieser Entwicklung angeordnet. Die Erkundung fängt mit dem Financial District an und führt uns bis ins nördliche

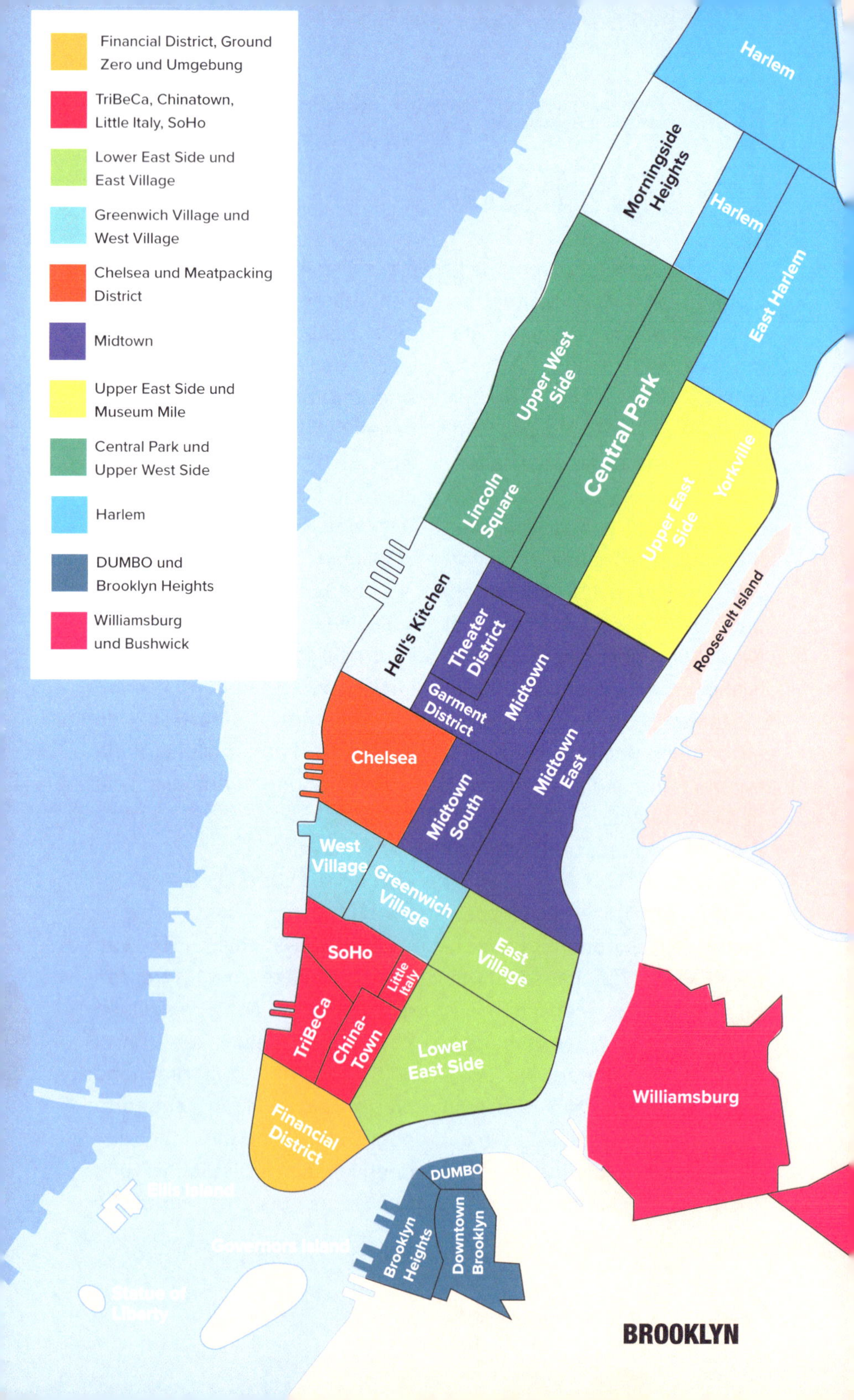
Financial District, Ground Zero und Umgebung
TriBeCa, Chinatown, Little Italy, SoHo
Lower East Side und East Village
Greenwich Village und West Village
Chelsea und Meatpacking District
Midtown
Upper East Side und Museum Mile
Central Park und Upper West Side
Harlem
DUMBO und Brooklyn Heights
Williamsburg und Bushwick
Harlem
Morningside Heights
Harlem
East Harlem
Upper West Side
Central Park
Lincoln Square
Yorkville
Upper East Side
Hell's Kitchen
Theater District
Midtown
Garment District
Roosevelt Island
Chelsea
Midtown East
Midtown South
West Village
Greenwich Village
East Village
SoHo
Little Italy
TriBeCa
China-Town
Lower East Side
Williamsburg
Financial District
DUMBO
Ellis Island
Governors Island
Brooklyn Heights
Downtown Brooklyn
Statue of Liberty
BROOKLYN

Harlem und danach über den East River nach Brooklyn. Der Financial District ist nicht nur der südlichste Bezirk, sondern auch derjenige mit der ältesten Geschichte. Hier nahm New York 1625 als New Amsterdam unter den Niederländern seinen Anfang. 1664 wurde es von den Engländern kampflos übernommen. Sie benannten New Amsterdam sofort in New York um, nach dem Bruder des Königs, dem Herzog von York.

Wer gerne mehr zur Stadtgeschichte erfahren möchte, dem empfehle ich die Website und den Podcast der „Bowery Boys“. Von diesen geschichtsbegeisterten New-York-Kennern gibt es schon mehr als 450 Podcastfolgen zur Stadt auf Englisch. Sie haben einzelne Bauwerke, Personen und Ereignisse sehr leser- und hörerfreundlich aufgearbeitet:

www.boweryboyshistory.com

FINANCIAL DISTRICT, GROUND ZERO UND UMGEBUNG

Nomen est Omen – im Financial District, kurz FiDi genannt, wird das große Geld verdient, verschoben und manchmal verloren. Die Wall Street stellt das Wahrzeichen des Viertels dar. Hohe Bürotürme und Wolkenkratzer werfen ihre Schatten auf die engen Straßen. Wochentags vermischen sich die Ströme der Touristen mit denen der Geschäftsleute. Der Bezirk ist deshalb eine gute Anlaufstelle für ein schnelles Mittagessen bei einem der vielen To Go Restaurants, die durchaus auch auf Salate und gesundes Essen spezialisiert sind. Mit diesem Essen eingedeckt, kann man sich dann zum Beispiel in den Battery Park setzen, der offiziell nicht zum FiDi gerechnet wird, aber doch irgendwie dazugehört.
Was ganz sicher dazugehört ist Ground Zero, wo früher die Zwillingstürme des World Trade Centers standen, mit dem 9/11 Memorial, dem Museum und dem neuen One World Trade Center inklusive Aussichtsplattform.

SOUTH STREET SEAPORT

Etwas weiter im Nordosten am East River schließt sich unterhalb der Brooklyn Bridge das neu renovierte Viertel von South Street Seaport an. 2012 wurden Großteile dieser an den East River grenzenden Straßenzüge von Hurrikan Sandy zerstört, sodass das Quartier nun sehr herausgeputzt daherkommt. Zu diesem Quartier mit vielen jungen Leuten, ausgefallenen Restaurants und einigen netten Läden gehört auch das Pier 17 inklusive Rooftop, wo häufig Konzerte oder andere Veranstaltungen stattfinden.

STONE STREET – EIN FEIERABENDTREFFPUNKT FÜR WALL STREET LEUTE UND TOURISTEN

Mitten in der von Hochhäusern dominierten Nachbarschaft findet sich eine mit Kopfsteinen gepflasterte Straße ohne Verkehr. Sie ist gesäumt von fast schnuckeligen Häusern aus dem vorletzten Jahrhundert: Das ist die Stone Street. Ein Pub reiht sich ans andere – auch mit der Möglichkeit draußen zu sitzen.

CHARGING BULL – DER WALL STREET BULLE

Er steht inzwischen nicht mehr vor der Börse, wo er im Dezember 1989 in einer Nacht- und Nebelaktion mit Kran und schwerem Transportgefährt hingestellt wurde. Arturo del Modica, der Künstler, hat sich mit diesem Weihnachtsgeschenk definitiv einen Namen geschaffen. Charging Bull steht inzwischen am Broadway direkt hinter der Börse, wo sich jeden Tag Menschenschlangen bilden, um sich mit ihm fotografieren zu lassen. Wer nicht warten will, kommt besser früh.

BÖRSE UND FEARLESS GIRL

Die Börse, auf Englisch Stock Exchange, hat ihren Eingang an der Broad Street, die inzwischen wie die Wall Street autofrei ist. Gegenüber der Börse steht im Moment die kleine Bronzestatue eines Mädchens mit Namen „Fearless Girl" (Mädchen ohne Angst). Sie war als kurzfristige Installation ursprünglich dem Wall Street Bullen gegenübergestellt worden. Aber wie das so ist mit Bullen oder den Künstlern, die sich plötzlich von der weiblichen Stärke angegriffen fühlen, wurde sie nach einer Klage von Arturo del Modica per Gerichtsbeschluss wegkomplimentiert. Aber da hatte Fearless Girl schon so viel öffentlichen Anklang gefunden, dass sie den prominenten Platz gegenüber der Börse erhielt. Erst mal auf Zeit.

WALL STREET – DIE EHEMALIGE MAUER

Die Wall Street hat ihren Namen von der ehemaligen Mauer, die die Siedler von „New Amsterdam“ einst zum Schutz gegen die Engländer gebaut hatten. Diese kamen dann allerdings von der Meerseite mit Schiffen, um „New Amsterdam“ einzunehmen. Wer genau hinschaut, sieht auf der Wall Street viereckige Einlassungen aus Holz. Sie markieren den Verlauf der ehemaligen Mauer, die 1699 ganz abgetragen und zur Straße umfunktioniert wurde.

GROUND ZERO MIT MEMORIAL UND MUSEUM

www.911memorial.org

Das 9/11 Memorial und das Museum sind zwei unterschiedliche Dinge. Das Memorial sind die architektonisch gestalteten „Fußabdrücke“

der ehemaligen Twin Towers. Das Museum direkt daneben erzählt anhand von Artefakten, Bildern und Tonaufnahmen die Geschichte dieses unheilvollen Tages. Es gibt dazu einen Audioguide auch in deutscher Sprache. Das Museum versetzt einen ohne Interpretation mitten in die damaligen Geschehnisse. Es ist so bedrückend wie eindrücklich.

ONE WORLD TRADE CENTER MIT AUSSICHTSPLATTFORM

www.oneworldobservatory.com

Ursprünglich wurde One WTC „Freedom Tower" genannt und hat exakt die Höhe von 1776 Fuß (die Jahreszahl der Unabhängigkeitserklärung Amerikas – in Metern gerechnet sind das 541,32 m). Es ist somit das höchste Gebäude der westlichen Hemisphäre. Aber die „Freiheit" hat es in sich, und so wollte man mit diesem Turm nicht provozieren und benannte ihn um. Von der Aussichtsplattform hat man aber einen wunderbaren Blick auf die Freiheitsstatue. Wie klein sie doch scheint, von so weit oben.

STATUE OF LIBERTY – DIE OFFIZIELLE FÄHRE

Die einzige und offizielle Fähre, mit der man sowohl auf Ellis Island, Ankunftsort von 12 Millionen Einwanderern von 1892 bis 1954, und auf Liberty Island Station macht, heißt Statue City Cruises. Tickets dafür sind teilweise auch in den Sightseeingpässen inkludiert. Hier geht es zur direkten Buchung.

STATEN ISLAND FERRY UND OUTLET CENTER

Wem es genügt, einfach relativ dicht bei der Freiheitsstatue vorbeizufahren, kann das kostenlos und ohne große Wartezeiten mit der Staten Island Ferry tun. Sie fährt im Osten vom Battery Park los und legt nach gut 15min Fahrzeit auf Staten Island an. Dort angekommen kann man je nach Lust und Laune noch einen kurzen Bummel zu den Empire Outlets (**www.empireoutlets.nyc**) machen, die direkt an die Anlegestelle anschließen. Sie sind zwar kleiner als zum Beispiel das Woodbury Commons Outlet Center, dafür eindeutig besser gelegen.

PIER 17 – RESTAURANTS UND KONZERTE

www.theseaport.nyc/pier-17

Pier 17 ist *der* Treffpunkt von South Street Seaport für ein junges Publikum. Konzerte auf dem Dach, Restaurants mit Aussicht auf die Brooklyn Bridge und angesagte Bars sorgen für ein einzigartiges Flair. Am besten, man schaut online, was aktuell geboten wird.

DER „OCULUS" VON SANTIAGO CALATRAVA

Oculus bedeutet Auge. In der Architektur steht es für den Lichteinfall durch ein rundes Fenster oder Loch an der Decke. Genau das passiert hier in dieser riesigen Subwaystation mit den vielen Geschäften mitten auf dem Gelände von Ground Zero. Von außen betrachtet breitet das Gebäude wie ein Vogel seine Flügel zum Abflug aus.

GELEGENHEIT FÜR SCHNÄPPCHENJÄGER

TJ Maxx gibt es als TK Maxx inzwischen auch in Deutschland.

Diese Filiale gleich neben der Börse liegt im Untergeschoss, das durch eine unscheinbare Rolltreppe erreicht wird. Auf zwei Stockwerken findet sich eine große Auswahl an preisgünstiger und heruntergesetzter Kleidung und Accessoires. Hier wird man immer fündig. Es gibt unter anderem Nike, Adidas oder Calvin Klein. Wer nach edleren Marken sucht, kann sein Glück im nahegelegenen Kaufhaus Century 21 versuchen. Ganz so günstig ist es dort aber nicht.

THE LITTLE SHOP – EINE VERSTECKTE BAR

www.thelittleshopny.com

Die Bar wird durch eine Tür an der hinteren Wand des kleinen Ladens an der 252 Front Street betreten. Man muss danach fragen, sonst findet man den Eingang nicht. In gemütlicher Wohnzimmeratmosphäre können hier Cocktails getrunken und die vorne im Shop erstandenen Snacks gegessen werden. Diese werden auf kleinen Tellern angerichtet und an den Tisch gebracht.

LUNCH IM FIDI WIE DIE WALL STREET LEUTE

Überall im Financial District gibt es Theken mit oder ohne Sitzgelegenheiten, die Essen zum Mitnehmen anbieten. Und dieses Essen ist qualitativ wirklich gut. Man setzt sich damit dann in einen kleinen Park um die Ecke – davon gibt es auch hier viele – oder steuert gleich den Battery Park an. Meine Lieblingstheken sind die für Salat: „The Little Beet“, 5 Hanover Square zum Beispiel, oder „Just Salad“ (**www.justsalad.com**). „Just Salad“ gibt es überall zu finden. Typisch ist, dass man hier die Zutaten zum Salat auswählt. Diese werden in einer großen Schüssel mit der gewünschten Sauce gemischt, zerkleinert und dann bekommt man das Ganze abgepackt mit einem Brötchen dazu überreicht.

FRAUNCES TAVERN

www.fraucestavern.com

Einige halten dieses Haus für das Älteste im Financial District. Das mag stimmen, was das Erscheinungsbild und einige im Inneren erhaltenen Räume anbelangt. Allerdings ist Fraunces Tavern so häufig umgebaut und renoviert worden, dass nicht mehr viel ursprüngliche Bausubstanz zu finden sein dürfte. Aber Restaurant, Bar und auch das Museum sind einen Besuch wert. Man kann den „Long Room“ besichtigen, in dem George Washington von seinen Truppen nach dem Sieg des Unabhängigkeitskrieges im Jahre 1783 Abschied gefeiert hat. Ja, auch George Washington war Stammgast hier. Außerdem findet man immer eine gemütliche Ecke in einem der vielen urig eingerichteten Räume, um etwas zu essen oder zu trinken.

DOWNTOWN CONNECTION BUS

www.downtownny.com

Mit diesem Bus kommt man in Downtown gratis von Ost nach West und umgekehrt. Am besten schaut man sich die Busroute auf dem Plan im Internet an. Für alle, die mit Roaming ausgestattet sind, werden die Busse in Echtzeit auf der Karte angezeigt.

ESSEN, TRINKEN, SCHLAFEN

THE DEAD RABBIT

www.thedeadrabbit.com

An der Water Street Nr. 30 ist diese ausgezeichnete Bar zu finden. Benannt ist sie nach einer skrupellosen irischen Gang der Gegend, die seit Scorseses Film „Gangs of New York“ in aller Munde ist. „The Dead Rabbit“ wirbt mit dem Spruch auf der Homepage: Früher das bestgehütete Geheimnis New Yorks, heute bekannt auf der ganzen Welt. Und ja, so ist es.

PI BAKERY UND CAFÉ

www.pibakerie.com

An der Cedar Street Nr. 35 lässt sich gut ein Zwischenstopp bei Kaffee, Kuchen oder auch einem herzhaften Teilchen einlegen. Mitten zwischen den Wolkenkratzern ist dieses Café mit kleinem Gartensitzplatz eine Oase.

CONRAD HOTEL DOWNTOWN MIT ROOFTOP-BAR

Das moderne und eher exklusive Conrad Hotel befindet sich in einer ruhigen Ecke, fünf Gehminuten westlich von Ground Zero an der 102 North End Avenue. Gleich bei der nächsten Straße ist ein Seiteneingang zur großen Ladenpassage von Brookfield Place, die direkt zum Oculus und den dazugehörigen Subwaystationen führt. Ebenso ist die Uferpromenade des Hudson River nur einen Steinwurf entfernt.

INDUSTRY KITCHEN

www.industry-kitchen.com

Wichtig ist hier die Atmosphäre: „Industry Kitchen" ist der Ort, wo man beim Blick auf den East River vergessen kann, dass man mitten im wuseligen Downtown ist – ok, ganz leise ist es auch hier nicht, aber leiser. Das Restaurant kommt im Glas-Holz-Beton-Stil daher, ist einladend und großzügig und besticht mit einer riesigen Terrasse. Es gibt Pizza, Salate und noch ein paar weitere Gerichte zu den üblichen New York Preisen.

TRIBECA, CHINATOWN, LITTLE ITALY, SOHO

Diese vier Stadtviertel im Süden Manhattans sind ein gutes Beispiel dafür, wie sich New York von einem zum nächsten Straßenzug völlig verändern kann. Praktisch gehört hierzu auch noch der Distrikt mit Namen „Civic Center". Das ist der Bezirk, wo die Brooklyn Bridge in Manhattan ihren Ausgang nimmt. Dort befinden sich Regierungsgebäude wie das Rathaus, das Gemeinde- oder Stadthaus sowie einige Gerichtsgebäude. Alles ist hier so dicht beieinander, dass diese unterschiedlichen Quartiere gut gemeinsam durchforstet werden können und gemeinsam vorgestellt werden. TriBeCa (Triangle Below Canal Street) ist eine spannende Mischung aus unaufgeräumtem Großstadtambiente und neuem Reichtum in Lofts der alten Warenhäuser. Und genannt werden sollte hier auch das neue Wahrzeichen TriBeCas: der Wohnturm mit dem Rufnamen „Jenga Tower". Es ist dieses Viertel, in denen Filmgrößen wie Robert De Niro und Meryl Streep zu Hause sind. Der Charme des Quartiers ist nicht auf Anhieb sichtbar, sondern man muss sich dafür etwas Zeit nehmen und die

Straßen durchwandern, sich in die Cafés setzen und Läden durchforsten. Ganz anders in SoHo (South of Houston Street), wo vieles sehr gestylt daherkommt. Die typischen, denkmalgeschützten Gusseisen-Gebäude säumen die Straßen mit ihren teuren Boutiquen im Erdgeschoss. Wer von SoHo nach Osten spaziert, steht plötzlich in Chinatown oder dem einzigen Straßenzug, der sich den Namen „Little Italy“ bewahrt hat.

Chinatown ist wirklich Chinatown. Alles ist in Chinesisch angeschrieben, Englisch sprechen nur die Besucher und man findet hier alles, um ein gutes chinesisches Gericht zu kochen. Die Restaurants unterscheiden sich nicht von denen in Peking oder Sichuan. Nun ja, kleine Unterschiede gibt es: Es wird Dim Sum angeboten, das ist sind chinesische „Tapas“ – ein Gericht, das erst in den USA erfunden wurde. Und natürlich erinnern die Souvenirläden und Händler daran, dass hier mit dem Geld der New York Touristen gerechnet wird. Little Italy hingegen ist selbst eher ein Souvenir vergangener Tage. Die Italianità, die diese 3 Blocks an der Mulberry Street von Canal Street bis Broome Street noch ausstrahlen, ist dem Denkmalamt zu verdanken und einigen wenigen originalen Restaurants wie „Ferrara“ oder „Umbertos Clam House“.

INFO

TIPP FÜR DEN WEG HIERHER

Wer von Brooklyn kommend über die Brooklyn Bridge spaziert, hat einen wunderbaren Ausgangspunkt, um in diese Ecke einzutauchen. Ebenso erschließt sie sich bestens, wenn man von Ground Zero in Richtung Norden weitergeht.

SHOPPING IN SOHO

Wer SoHo hört, denkt zumeist an teure Boutiquen. Dem ist nicht zu widersprechen. Wer gerne individuell und exklusiv einkauft, darf sich SoHo nicht entgehen lassen. Hier gibt es nicht nur bekannte Marken, sondern auch Läden, die ihren eignen Stil vertreten. Und Birkenstocks gibt es auch.

NEW YORK CITY FIRE MUSEUM

www.nycfiremuseum.org

Das Feuerwehrmuseum ist seit 1987 in dieser ehemaligen Feuerwache an der Spring Street Nr. 278 untergebracht. Dort erfährt man die Geschichte der New Yorker Feuerwehr und kann sich die Entwicklung der Feuerwehrfahrzeuge und Löschmöglichkeiten anschauen. Zusätzlich wurde für die 343 Feuerwehrleute, die beim Anschlag am 11. September 2001 ums Leben gekommen sind, ein Gedenksaal eingerichtet.

GHOSTBUSTERS FEUERWACHE

Das Gebäude an der Moore Street Nr. 14 aus dem Jahr 1903, in der die tatsächliche Feuerwache der Company 8 untergebracht ist, wurde für die Außenszenen der Feuerwache von Ghostbusters verwendet.

LOMBARDIS PIZZERIA

www.firstpizza.com

Die erste Pizzeria in den USA: Im Jahr 1905 erhielt Gennaro Lombardi eine Lizenz für den Betrieb eines Pizzeria-Restaurants. Zu seinem Kundenstamm gehörte unter anderem der Tenor Enrico Caruso. Ob Lombardi auch die amerikanische Art Pizza zu backen erfunden hat, ist nicht ganz klar. Jedenfalls mögen die Amerikaner ihre Pizza sehr teigig und mit viel Käse obendrauf.

ITALIENISCHES CAFÉ/KONDITOREI FERRARA

www.ferraranyc.com

Die 1892 von Antonio Ferrara gegründete Konditorei samt Café ist nach eigenen Angaben die erste Espressobar Amerikas. Sie bietet italienische Köstlichkeiten wie Cannoli an, aber auch wirklich hervorragenden Cheesecake. Ferrara ist seit der Gründung in Familienbesitz, inzwischen in der fünften Generation, und wird am ursprünglichen Standort in der Grand Street Nr. 195 betrieben.

MARKENARTIKEL AUS CHINATOWN

Es gibt sie noch, die Händler, die Rolexuhren und Guccitaschen unter der Hand anbieten. Vor allem an der Canal Street sind sie zu finden. Sie laufen mit Heftchen herum, aus denen man seine Lieblingsartikel (Bekleidung ist keine dabei) auswählen kann oder breiten diese gleich auf einem Tuch an der Straße aus. Aber echt ist die „Markenware“ bestimmt nicht. Die Händler behaupten selbstverständlich das Gegenteil und handeln deshalb ihre Artikel auch zu relativ hohen Preisen.

♥ ERDEN RAUM (EARTH ROOM)

www.diaart.org

Auch wenn inzwischen viele Galerien aus SoHo weggezogen sind – einiges an Kunst ist noch zu finden. So zum Beispiel der ganz spezielle New York Earth Room (1977). Dieser „Erden Raum“ ist der dritte seiner Art von Walter De Maria. Der erste Raum wurde 1968 in München mit Erde gefüllt. Der zweite wurde 1974 im Hessischen Landesmuseum in Darmstadt installiert. Die ersten beiden Werke existieren nicht mehr. Fotografieren ist nicht erlaubt. Und damit es spannend bleibt, hier ein Foto von der Türklingel. Es gibt auch noch „The Broken Kilometer“ von Walter De Maria am West Broadway um die Ecke anzuschauen.

♥ LOFT- UND ATELIERTOUR

www.juddfoundation.org/visit/new-york

Bei dieser Tour wird man durch die Lebens- und Arbeitsräume von Künstler Donald Judd geführt. Er kaufte sich eine der typischen Gusseisen-Bauten, und die Judd Foundation erhielt sowohl das Gebäude als auch Judds Räumlichkeiten. Donald Clarence Judd (3. Juni 1928 - 12. Februar 1994) strebte in seinem Werk nach Autonomie und Klarheit für das Konstruierte. Er gilt allgemein als der führende internationale Vertreter des Minimalismus.

♥ ENTSPANNEN AUF DEM PIER 25 AM HUDSON RIVER

www.hudsonriverpark.org/locations/pier-25

Pier 25 ist der längste Pier im Hudson River Park. Zu dieser großzügigen Anlage gehören Manhattans einziger 18-Loch-Minigolfplatz, Sandvolleyballplätze, ein beliebter Kinderspielplatz mit Wasserspielen und Klettergerüst sowie eine Snackbar. Hier liegt auch ein älteres Holzsegelschiff. Dieses ist zu einem Bar-Restaurant umfunktioniert worden. Es bietet Austern und andere Speisen, Drinks und eine wunderbare Hafenatmosphäre mit Blick über die Bucht in den Sonnenuntergang (**www.crewny.com/grand-banks**).

COOLE ROOFTOP-BAR MITTEN IN CHINATOWN – THE CROWN

www.thecrownnyc.com

Diese Rooftop-Bar ist bei jedem Wetter einen Besuch wert. Sie hat mehrere Terrassen und einen schlichten, im Industrie-Style gehaltenen Innenraum. Wer sich durch das Gewusel der Menschen in Chinatown bis hierher den Weg gebahnt hat, hat sich auf jeden Fall eine kleine Ruhepause verdient. Sie ist ab 16 Uhr geöffnet.

VERSTECKTE BAR IN CHINATOWN – APOTHEKE

www.apothekemixology.com/location/nyc-apotheke

Dort wo sich früher die rivalisierenden chinesischen Gangs von New York bittere Kämpfe lieferten, befindet sich heute ein angesagtes Speakeasy. „Speakeasy" ist ein Begriff aus der Zeit von 1920–1933, als in den USA der Alkoholkonsum verboten war. Getrunken wurde natürlich trotzdem, aber es musste leise zu- und hergehen und die entsprechenden Bars durften auch nicht laut genannt werden – also: „psst! – speak easy". Versteckt waren diese Lokale in Wohnungen oder in den Hinterräumen ganz normaler Geschäfte. So befindet sich hinter der nüchternen Tür an der Doyer Street Nr. 9 mit der unscheinbaren Überschrift „Apotheke" ein edler, in Rottönen gehaltener Barraum.

GEFÜHRTE TOUR DURCH SOHO, LITTLE ITALY, CHINATOWN

www.freetoursbyfoot.com/ soho-little-italy-chinatown-tour

Den Anbieter Free Tours by Foot kann ich für diese, und auch viele andere Touren empfehlen. Zum Beispiel Food-Touren, da braucht man auch nicht mehr als sein fast vergessenes Schulenglisch. Auf der Homepage sind alle Touren mit Zeit und Datum aufgelistet. Man zahlt erst zum Schluss und zwar so viel, wie einem die Tour wert war – also keinen Fixpreis. Wobei man in New York beachten sollte, dass man sich für 5 $ nicht mal einen Kaffee leisten kann. Es sei denn, man geht zu Matto (siehe Low Budget Tipps).

ESSEN, TRINKEN, SCHLAFEN

ROOFTOP-BAR JIMMY

www.jimmysoho.com

Diese Bar befindet sich im James Hotel an der Thompson Street Nr. 15: Wunderbare Aussicht, super nette Bedienung an der Bar, junges Publikum und Musik, die ein Gespräch noch zulässt.

NOBLEDEN HOTEL IN LITTLE ITALY MIT TERRASSE

www.nobleden.com

Direkt gegenüber der bekannten Konditorei Ferrara liegt dieses besucherfreundliche Hotel mit perfektem Kundenservice. Die Zimmer sind zwar klein, aber komfortabel. Von Duschgel bis Wattestäbchen ist alles da. Es gibt zwar kein Frühstücksbuffet, aber rund um die Uhr kostenlosen Kaffee und Kakao. Fürs Frühstück holt man sich einfach einige Köstlichkeiten bei Ferrara gegenüber und setzt sich damit auf die Dachterrasse des Hotels.

MAMAN – VINTAGE-STYLE CAFÉ

www.mamannyc.com

Dieses Café gibt es nicht nur am West Broadway 211 in TriBeCa. Die Qualität ist so gut, dass „Maman“ mehrere Lokale betreiben kann. Sie bieten ein wirklich nettes Ambiente mit einer sehr guten Auswahl an süßen und herzhaften Leckereien. Auch der Kaffee lässt nicht zu wünschen übrig!

RESTAURANT EMPORIO

www.emporiony.com

Ein italienisches Restaurant, das etwas nördlich von Little Italy liegt – also in NoLIta (North of Little Italy). Bedient wird auch draußen an gemütlichen Tischen. Bei schlechtem, kaltem oder zu heißem Wetter ist es drinnen ebenfalls behaglich, da der große Speiseraum ein Glasdach hat. Die Küche, und vor allem die Pizza, ist ebenfalls sehr zu empfehlen.

LOWER EAST SIDE UND EAST VILLAGE

Das East Village ist der nördliche Teil der Lower East Side (LES). Obwohl das East Village wie die LES von Einwanderung und Armut geprägt wurde, hat es einen eigenen Charakter entwickelt. Der Name „East Village“ stammt aber erst aus der Mitte des 20. Jahrhunderts und war eine Idee der Immobilienbranche, die das Viertel damit besser verkaufen konnte. Das Zentrum des East Village liegt zwischen Astor Place und Tompkins Square Park. Es ist schnell durchwandert – bietet aber mit dem St. Marks Place eine Straße, an der sich an schönen Sommerabenden das New Yorker Leben nach draußen verlagert.

Die Lower East Side südlich der East Houston Street ist diverser und der Charakter nicht ganz einfach einzufangen. Der Nordwesten ist inzwischen chinesisch geprägt. Einige jüdische

Geschäfte und vor allem Restaurants sind geblieben, aber die LES ist vor allem multikulturell geprägt. Allerdings hat die Gentrifizierung (die Gegend wird teurer und entsprechend ändert sich, wer hier wohnt, einkauft und sein Geschäft eröffnet) auch hier schon eingesetzt. Die LES ist ein immer gefragteres Galerienviertel und neben kostengünstigem Wohnraum entstehen von Stararchitektenbüros entworfene Wohngebäude. Spannend ist die LES allemal – sehr spannend sogar, wenn man sich etwas Zeit nimmt, um neugierig durch die Straßen zu schlendern. Ganz abgesehen vom Nachtleben, das hier einiges zu bieten hat.

Die Lower East Side ist als solche schon fast ein Insider-Tipp. Die großen Touristenströme kommen hier jedenfalls nicht hin. Es gibt aber neben den Insider-Tipps auch drei Anlaufstellen, die in jedem Reiseführer zu finden sind – und alle drei sind absolut empfehlenswert: McSorley's Old Ale House, das Tenement Museum und Katz's Delicatessen.

MCSORLEY'S OLD ALE HOUSE

www.mcsorleysoldalehouse.nyc
McSorley's Old Ale House, kurz McSorley's genannt, ist das älteste irische Pub in New York. Es wurde 1854 von John McSorley an der East 7th Street Nr. 15 eröffnet. Der Schankraum ist ein einziges Museum. Seit 1910 wurde kein einziges Erinnerungsstück von den Wänden entfernt, und in der Bar gibt es viele historische Utensilien, wie z. B. Houdinis Handschellen, die mit dem Bargeländer verbunden sind. Hier spielt keine zu laute Musik, es gibt McSorley's Ale gegen Cash und reservieren kann man nicht. Einfach vorbeischauen, es lohnt sich!

KATZ'S DELICATESSEN

Katz's ist berühmt für seine Pastrami Sandwiches. Diese sind legendär, wie auch der Laden an der East Houston Street 205. Es gibt immer noch das althergebrachte Ticket beim Eingang, auf dem dann notiert wird, was gekauft wurde. Bloß nicht verlieren, sonst kostet es 50 $. Ein Sandwich reicht für zwei – nicht erschrecken, der Preis auch. Das ist dann aber auch in Ordnung!

TENEMENT MUSEUM

www.tenement.org

Das Museum an der Orchard Street 103 ist kein Museum im herkömmlichen Sinn. Es bietet Führungen durch original wieder eingerichtete Wohnungen von ehemaligen Bewohnern dieses Hauses an. Auf den spannenden und informationsreichen ein- bis zweistündigen Touren (bis jetzt nur in Englisch) wird die Geschichte von bis zu drei Familien erzählt, die hier gelebt haben. Diese Art der Mehrfamilienhäuser war typisch für günstige, enge Wohnungen in New York, die von den ärmsten Einwanderern bezogen wurden. Man nennt sie Tenement Häuser aufgrund der Tenents (Mieter).

ORCHARD STREET – diese Straße in LES ist Kult

Hier findet sich für jeden Geschmack ein Lokal, z. B. das Café Katja in Nr. 79 (**www.cafe-katja.com**).

Dieses ist weniger ein Café als vielmehr ein österreichisches Restaurant mit Bier in „normaler" Größe und Hausmannskost. Oder man macht Halt bei

Dudley's in Nr. 85 (**www.dudleysnyc.com**) für Drinks und etwas stilvollerem Essen mit mehr Vitaminen. Aber am besten die ganze Orchard Street zuerst einmal ablaufen und die Atmosphäre dort schnuppern, bevor man sich für das eine oder andere Restaurant entscheidet – denn vielleicht sagt einem ja ein drittes noch mehr zu.

ATTABOY – ein Original-Speakeasy der 1920er Jahre

www.attaboy.us

An der Eldridge Street 134 befindet sich das ehemalige „Milk & Honey“. Die jetzigen Besitzer haben es in Attaboy umbenannt. Eine kleine Bar ohne Karte, wo man den Vorschlägen des Barkeepers ohne Bedenken Gehör schenken kann. Manchmal muss man allerdings lange auf Einlass warten. Deshalb besser ganz früh oder spät hin – das Attaboy hat bis 3 Uhr morgens geöffnet. Es gibt nur noch ein zweites Original aus der Prohibitionszeit: „The Back Room“ an der Norfolk Street 102 (**www.backroomnyc.com**). Der Eingang ist nicht ganz einfach zu finden. Beim Schild mit der Aufschrift „The Lower East Side Toy Company“ geht es durch das Tor und eine kleine Gasse hinunter zu einer Treppe und dort durch die Tür.

STIMMUNGSVOLLE WEINBAR „HARD TO EXPLAIN“

www.hardtoexplain.co

Dieses Lokal an der East 10th Street Nr. 224, das durchaus auch Bier anbietet, lädt zum Sitzenbleiben ein. Es ist eine stilvolle kleine Oase, sowohl um den Abend einzuläuten oder auch ihn ausklingen zu lassen.

VERSTECKTE UKRAINISCHE KANTINE STREECHA

www.instagram.com/streecha

Dieses Restaurant ist mehr als ein echter Insider-Tipp, denn hierher kommt man nur, wenn man weiß, wie man das Lokal findet. Man muss bei der 7th East Street Nr. 33 die Treppe, die scheinbar zu einer Kellertür führt, hinuntergehen und besagte Tür öffnen. Angeschrieben ist sie nicht, nur obendrüber an der Wand hängt ein Banner in kyrillischer Schrift. Öffnungszeiten sind Freitag bis Sonntag, 9–17 Uhr. Einfach zur Theke gehen und nach der Karte fragen – bezahlt wird in bar.

♡ ST. MARKS PLACE – das ist die 8th Street zwischen 3rd Avenue und Avenue A

Diese Straße wird das Zentrum des East Village genannt. Sie ist geschichtsträchtig, aber das soll hier nicht weiter erörtert werden. Nur ein kleiner Hinweis auf die deutsche Prägung des Viertels: Am Haus St. Marks Place Nr. 12 findet man noch die Inschrift der Deutsch-Amerikanischen Schützengesellschaft. Heute trifft sich hier das junge, studentische New York in Bars und Kneipen. Es macht Freude, an einem Sommerabend hier entlang zu spazieren und sich treiben zu lassen. Auf jeden Fall sollten auch die Parallelstraßen in den Spaziergang miteinbezogen werden.

♡ EINE KULINARISCHE FÜHRUNG DURCHS EAST VILLAGE

www.freetoursbyfoot.com/free-east-village-food-tour

Wer sich auf eine Food-Tour begibt, hat das Mittagessen gleich inkludiert und bekommt unterschiedliche Gerichte von verschiedenen Restaurants zum Probieren. Danach ist man auf jeden Fall satt. Etwas Geschichte auf Englisch wird auch mitgeliefert. Die Tour von Free Tours by Foot durchs East Village findet nur freitags statt, aber daneben gibt es noch viele andere Anbieter, die auch Food-Touren anbieten (und einfach über Suchmaschinen zu finden sind).

BAGELS VON RUSS & DAUGHTERS

www.russanddaughters.com

Russ & Daughters ist eigentlich genauso berühmt wie Katz's, aber weniger präsent bei Touristen. Seit 1920 ist dieses Delikatessengeschäft, das sich auf Fisch spezialisiert hat, an der Houston Street 179 zu finden. Inzwischen mit dem ebenso bekannten Café an der Orchard Street 127. Der Klassiker dort ist ein Bagel mit Frischkäse und Räucherlachs. Auf der Speisekarte wird dieser auch als „The Classic" angepriesen.

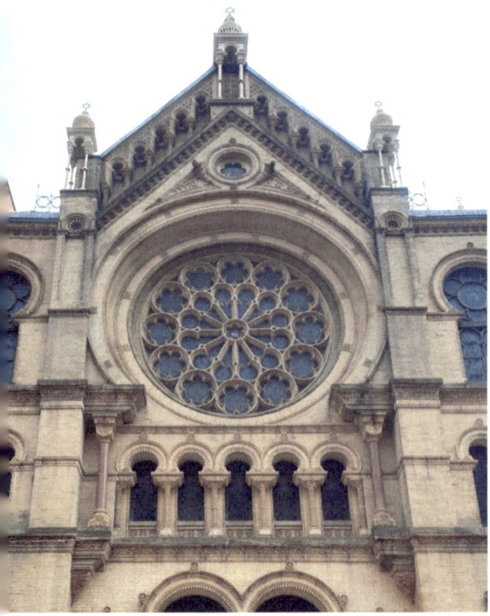

MUSEUM AT ELDRIDGE STREET

www.eldridgestreet.org

Das Museum ist in der historischen Synagoge in der Eldridge Street 12 untergebracht. Die 1887 erbaute Synagoge ist schon von außen wunderschön, drinnen ist sie atemberaubend. Sie ist ein Symbol für die Verwirklichung der Hoffnungen der Einwanderer und steht unter Denkmalschutz. Besucher sind herzlich eingeladen, bei einer Tour mehr über die Zeit zu erfahren, als jüdische Kultur die LES geprägt hat. Über die Zeiten und Kosten der Führungen gibt die Homepage

Auskunft. Auch eine Audiotour in Englisch zum Herunterladen ist vor Ort erhältlich.

NEW MUSEUM

www.newmuseum.org

Das 1977 gegründete New Museum of Contemporary Art, inzwischen an der Bowery 235, ist ein Museum für innovative Kunst und künstlerische Praxis. Es widmet seine Ausstellungen neuer Kunst und neuer Ideen von Künstlern, die bisher noch keine nennenswerte Beachtung oder Anerkennung gefunden haben. Seit seiner Gründung hat sich das Museum zur Aufgabe gemacht, die starre Institutionalisierung eines Kunstmuseums in Frage zu stellen. Donnerstags ab 19 Uhr kann man selbst entscheiden, wie viel Eintritt man zahlen möchte. Das Ticket muss zuvor über die Homepage gebucht werden.

ECONOMY CANDY – Süßes gefällig?

www.economycandy.com

An der Rivington Street 108 kann man sich entweder nach dem Pastrami Sandwich bei Katz's einen Nachtisch für unterwegs besorgen oder noch besser,

gleich den ganzen Mitbringseleinkauf erledigen. Bei den Freunden meiner Familie kommen vor allem an: Reese's (mit Erdnussfüllung), Swedish Fish, LiveSavers, Toxic Waste und CandyCorn. Vieles davon findet man auch anderswo. Aber irgendwie macht es mehr Spaß, hier einzukaufen.

BOOK CLUB

Der Book Club verwandelt sich tagsüber in ein Café und abends in eine Bar – eigentlich ist er sogar ein Buchladen. Mit gemütlichen Lesesesseln zum Stöbern in den Büchern, kleinen Tischen und einer Bar ist er jedoch nur zu finden, wenn man weiß, wo man suchen muss: An der East 3rd Street Nummer 197. Er hat sogar eine paar Tische im Hinterhofgarten. Absolute Empfehlung!

KARAOKE BOHO – selber singen!

www.karaokeboho.com

Wer gerne aktiv ist und mit singenden New Yorkern mitmischen möchte, fühlt sich in dieser Karaoke Bar an der Orchard Street 152 sicher zu Hause. Die Bar füllt sich ab 20:30 Uhr und das sieben Tage die Woche bis in die Morgenstunden.

KONZERTE IM BOWERY BALLROOM

www.mercuryeastpresents.com/boweryballroom

Dieser ehemalige Ballsaal an der Delancy Street 6 ist *der* Ort in New York, um Bands zu hören, für die man nicht 200 $ Eintritt bezahlen muss. Hier bekommt man eine authentische Atmosphäre und gute Stimmung.

BLIND BARBER – wirklich gut versteckte Kneipe

www.blindbarber.com/pages/east-village

Dieser Frisör an der East 10th Street 339 hat es in sich. Tagsüber präsentiert er sich als Frisörsalon in antikem Stil. Doch nachts öffnet sich im hinteren Teil des Ladens eine Tür, die zu einer Kneipe führt – und mit Kneipe meine ich Kneipe. Es ist keine Bar im schicken New York Stil. Hier trifft man sich eher zum Bier.

NOCH EINE KNEIPE – CLOCKWORK BAR

An der Essex Street 21 findet man diese Bar im Graffiti Look. Auch das Publikum ist entsprechend, die Bedienung super nett und unkompliziert, die Musik nicht zu laut. Das Bier gibt es in Dosen.

ESSEN, TRINKEN, SCHLAFEN

787 COFFEE IM EAST VILLAGE – nicht nur Kaffeegenuss, sondern auch Arbeitsplatz

www.787coffee.com

An der East 7th Street Nr. 131 ist einer der inzwischen fünfzehn 787 Coffee Shops in New York. Jedes dieser Cafés heißt Leute willkommen, die ihren Laptop mitbringen und sich zum Arbeiten mit Kaffee bei der Stange halten. Von diesen gibt es in der Stadt viele und die Cafés sind immer sehr gut besucht.

THE MAIDEN LANE IM EAST VILLAGE – gemütliche Bar

www.themaidenlane.com

Diese gemütliche Bar mit kleiner Speisekarte am Tompkins Square Park im East Village ist ein guter Grund, vom St. Marks Place weiter in Richtung Alphabet City zu laufen, und zwar bis Avenue B, Nummer 162. Alphabet City mit den Avenues A–D wird auch zum East Village gerechnet.

HOTEL SANCTUARY NYC RETREATS

www.sanctuarynycretreats.com

Dies ist ein ganz besonderes Hotel zu wirklich besten Preisbedingungen. Auch für Familien mit Kindern geeignet. Sanctuary NYC Retreats wurde von einer Gruppe gesundheits- und spirituell bewusster Reisender gegründet. Von außen ist nicht zu erkennen, wie warm und freundlich die Unterkunft ist. Eine Reservierung bei Sanctuary NYC beinhaltet nicht nur ein Zimmer oder Apartment, sondern auch die Möglichkeit, Yoga- und Meditationskurse zu belegen und ehrenamtlich bei der Essensausgabe für Obdachlose mitzuhelfen. Das Hotel ist für New York Verhältnisse ruhig gelegen und doch nur einen Steinwurf vom spannenden Geschehen der LES entfernt.

GREENWICH VILLAGE UND WEST VILLAGE

Hier findet man viele der malerischen New York Townhouses, nette kleine Restaurants und Boutiquen an jeder Ecke, Jazzkneipen und den Washington Square Park. Dieser ist ein eigener Mikrokosmos des Quartiers. Am besten hier bei schönem Wetter Lunch auf einer Parkbank einplanen und das Citygeschehen auf sich wirken lassen. Viele Filme und Serien werden und wurden in Greenwich Village gedreht, unter andern „Sex and the City". Die originale Magnolia Bakery kann hier besucht werden, ebenso wie die Christopher Street, wo die LGBTQ*-Bewegung bei den Stonewall Inn Protesten ihren Anfang nahm. Greenwich Village ist ein „Dorf mit Charme" mitten in der City.

Greenwich Village und die westlich davon gelegenen Straßen, die sich bis zum Hudson River erstrecken und heute unter dem Begriff „West Village" bekannt sind, lagen ursprünglich außerhalb von New York. In den 1780er Jahren erwarb New York ein acht Hektar großes Grundstück am heutigen Washington Square Park, um es als Friedhof und öffentlichen Galgen zu nutzen. Der Friedhof ist später einfach überbaut worden. Um 1800 zog es dann viele Städter in diese ländliche Gegend. Bald zogen viele Handwerker und Geschäftsleute der Mittelschicht nach. Es wurden die noch heute erhaltenen malerischen Reihenhäuser erbaut, sowie viele der sogenannten Brownstones.

Zu Beginn des Ersten Weltkriegs war Greenwich Village zum Viertel der sogenannten Bohème geworden, also der eher wenig verdienenden Kunstschaffenden. Die Mieten waren niedrig und die Stimmung offen und tolerant, mit entsprechenden Bars, Galerien und Theatern. Dieses Flair ist noch immer deutlich spürbar. In den 1960er Jahren wuchs rund um die Christopher Street die homosexuelle Szene. 1969 kam es im Stonewall Inn

zu einer Konfrontation zwischen der Polizei und den Stammgästen, der als Stonewall Protest bekannt wurde. Dies war der Beginn der landesweiten Bewegung für die Rechte von Schwulen und Lesben. In den 1970er Jahren wurde Greenwich Village zu einem Treffpunkt für Kriegsgegner und in den 1980er Jahren für Aktivitäten, die als Reaktion auf die AIDS-Epidemie mobilisiert wurden. Heute finden sich nette Ecken, Restaurants und Bars in den verwinkelten Gassen und die Mieten sind keineswegs mehr niedrig.

WASHINGTON SQUARE PARK

Der Washington Square Park ist einer der schönsten Parks in New York, wo man das Leben der Stadt noch so richtig spürt. Er liegt mitten im Gebiet der New York University, die sehr viele der alten Gebäude rundherum besitzt. Sein Prunkstück ist der Triumphbogen zu Ehren George Washingtons. Ebenso ist der Park Ausgangspunkt der 5th Avenue. Im Sommer lohnt es sich, in einem nahegelegenen Deli ein Picknick zu kaufen und es sich hier auf einer Bank bequem zu machen. Die Stadt zieht an einem vorbei.

TOWNHOUSES AN DER PERRY STREET

Carrie Bradshaw's Apartment aus „Sex and the City" befindet sich an der Perry Street 66. Diese Adresse ist von der Filmcrew sicher nicht einfach per Zufall ausgewählt worden. Sie ist eine der malerischsten Straßen von Greenwich Village und auch ohne Bezug zu „Sex and the City" absolut sehenswert.

DAS SCHMALSTE HAUS IN NEW YORK

An der Bedford Street 75 1/5 befindet sich das schmalste Haus in ganz New York. Es ist 2,90 Meter breit, hat aber 4 Stockwerke und einen Hintergarten, der mit anderen Anwohnern geteilt wird.

DAS KLEINSTE GRUNDSTÜCK IN NEW YORK

Und nicht nur das schmalste Haus gibt es in Greenwich Village, sondern auch das kleinste Grundstück: das Hess Estate. Die Firma Hess Estate hatte sich mit allen Mitteln dagegen gewehrt, dass ihr Grund für den Ausbau der Subway an der 7th Avenue zerstört werden sollte. Das ist nicht gelungen, aber bei der Vermessung wurde dieses kleine Dreieck vergessen und siehe da: Hess Estate hat diese Inschrift 1922 anbringen lassen: Eigentum von Hess Estate, welches niemals dem Zweck öffentlicher Nutzung preisgegeben wurde. Es ist zu sehen vor „Village Cigars“ an der 7th Avenue 110.

CHRISTOPHER PARK MIT DEM STONEWALL MONUMENT

Direkt neben dem „Stonewall Inn“ liegt der Christopher Park. 1969 kam es hier zum Aufstand der Schwulen- und Lesbenbewegung, die für ihre Rechte auf die Straße gingen. Die Stonewall-Unruhen führten zur Gründung verschiedener Homosexuellen-Aktivistengruppen in den Vereinigten Staaten und auf der ganzen Welt.

JAZZ IM VILLAGE

www.villagevanguard.com; www.bluenotejazz.com/nyc; www.smallslive.com

Der Jazz hat im Village seine Heimat gefunden. Folgende drei Jazzlokale schrieben Geschichte: das „Village Vanguard“, das „Blue Note“ und als jüngster Club das „Smalls“. Es gibt allerdings noch viel mehr an Jazz in dieser Neighborhood zu entdecken. Und einer der schönsten Orte dafür ist der Washington Square Park. Am Wochenende bei warmem Wetter sowieso – es spielt dort immer jemand live Musik.

MAGNOLIA BAKERY

www.magnoliabakery.com

Hier hat Carrie Bradshaw aus „Sex and the City” ihre Cupcakes gekauft. Wer will, kann es ihr gleichtun, und diesen dann vor dem Lokal verspeisen. Tische gibt es drin nicht, dafür einen kleinen Park gleich gegenüber.

ÖFFENTLICHE KUNST – Picasso at the Silver Towers

The Bust of Sylvette ist ein öffentliches Kunstwerk von Picasso mitten in den zur New York University gehörenden Wohnblöcken. Wer sich für Kunst interessiert, für den ist es bestimmt spannend, auch andere Public Art in New York anzuschauen. Hier zwei Links zu Karten von öffentlichen Kunstwerken: **www.nycgovparks.org/art-map** und **www.publicartfund.org/exhibitions**

DER EHEMALIGE WHITNEY STUDIO CLUB – heute die New York Studio School

Im Jahr 1914 gründete Gertrude Vanderbilt Whitney den Whitney Studio Club in der 8 West 8th Street. Daraus entstand das erste Whitney Museum of American Art. Heute beherbergt es die New York Studio School und ist immer noch der Kunst gewidmet. Wer möchte, kann an öffentlichen Vorlesungen und Diskussionsrunden teilnehmen. Ein Besuch lohnt sich: **www.nyss.org/lectures**

FOOD TRUCKS AM WASHINGTON SQUARE PARK

Den Washington Square Park habe ich bereits vorgestellt. Hier, an der Südseite des Parks nun eine gute Möglichkeit, sich essenstechnisch für ein Picknick auf der Bank einzudecken. Achtung, vor allem unter der Woche während der Vorlesungszeit stehen die Trucks bereit.

HUDSON CLEARWATER

www.hudsonclearwater.com

Wer Fisch mag ist hier richtig – wer es gemütlich und doch etwas gehoben mag ebenso. Bei warmem Wetter überzeugt die Gartenterrasse. Mehr Insider-Tipp geht nicht.

ST. LUKE'S THRIFT SHOP (SECONDHAND)

www.stlukeinthefields.org/about/thrift-shop

„Thriften" gehen hat in New York Kultstatus. Übersetzt bedeutet es, dass man die Secondhand Läden (Thrift Shops) nach Schnäppchen abklappert. Thrift Shops gibt es fast überall in der Stadt und in Greenwich Village lohnt es sich, bei St. Luke‘s an der Hudson Street 487 einen

Stopp einzulegen. Öffnungszeiten sind Mittwoch bis Samstag 11–17 Uhr.

HOUSING WORKS THRIFT SHOP

www.housingworks.org/locations/west-village-thrift-shop

Auch dieser Thrift Shop bei St. Luke‘s um die Ecke an der W 10th Street Nummer 245 ist einen Abstecher wert. Geöffnet hat er täglich ab 12 Uhr.

POMMES FRITES NYC FÜR DEN KLEINEN HUNGER

www.pommesfritesnyc.com

Belgische Pommes mit einer großen Auswahl an Saucen und anderen Beilagen. Da lacht die Qual der Wahl.

HAPPY HOUR IN DER AMITY HALL

www.downtown.amityhallnyc.com

Happy Hour ab 12 Uhr mittags, junges Publikum, gute Bierauswahl und wer ein Happy Hour Getränk bestellt, kann sich bis weit in den Nachmittag ein Lunch Special für 10 $ dazu bestellen.

FOOD TOUR STATT LUNCH

www.freetoursbyfoot.com/new-york-tours

Unter anderen Anbietern bietet Free Tours by Foot Probiertouren durch Greenwich Village an. Was für eine bessere Alternative gibt es, um sowohl das Viertel kennenzulernen, als auch gleich die Essensfrage geklärt zu haben?

ESSEN, TRINKEN, SCHLAFEN

WASHINGTON SQUARE HOTEL

www.washingtonsquarehotel.com

Ein stilvolles altes Hotel, das noch ein wenig den Geist der 1920er Jahre atmet. Mit viel Charme, in einer ruhigen Straße gleich beim Washington Square Park gelegen. Die Preise sind für New Yorker Verhältnisse sehr moderat.

JOSEPH LEONARD

www.josephleonard.com

Eines der vielen Restaurants in Greenwich Village, in dem nicht nur die Atmosphäre, sondern auch das kreativ zubereitete Essen gut ist. Dieses hier ist am Waverly Place 170. Ebenso empfehlen kann ich das „Tartine“ an der West 11th Street Nummer 253.

BUVETTE GASTROTHEQUE

www.ilovebuvette.com/eat-drink-newyork-location

Für Kaffee, Brunch und kleine Gerichte: Ein wunderbares Lokal mit viel Charme und einem süßen Hintergarten. Wer kein Frühstück im Hotel hat, kann hier sehr gut mit einem leckeren Brunch in den Tag starten.

OLD RABBIT CLUB

Diese Bar an der McDougal Street 124 ist nicht leicht zu finden. Hinter der unscheinbaren Tür im Untergeschoss erwartet einen eine lange Theke in einem kleinen Raum, nette Leute und gutes Bier. Unbedingt vorbeischauen, wenn man ab 18 Uhr in der Gegend ist.

CHELSEA UND MEATPACKING DISTRICT

Chelsea ist *das* Kunstviertel Manhattans. Hier gibt es unzählige Galerien, die zum Schauen und Staunen einladen. Untergebracht sind sie im Westen Chelseas, vor allem zwischen der 10th und 11th Avenue in ehemaligen Lagerhäusern. Diese Hallen prägten ursprünglich den Charakter Chelseas. Zu diesem Setting gehört auch die High Line, ein Bahngleis, das 1930 über den Straßen angelegt wurde. Damals, um Waren von oder zu den Fabriken zu transportieren, ohne den normalen Verkehr zu stören. Heute ist die High Line in eine grüne Oase verwandelt worden und für Fußgänger umgebaut.

Ebenso ist Chelsea ein gefragtes Wohngebiet mit modernster Architektur zwischen alten Gemäuern – oder dem, was man in New York unter „alt" versteht. Es gibt einige Gebäude aus den 1820er Jahren. Das jüngste Neubauquartier Manhattans, die Hudson Yards, ist im Norden Chelseas zu finden. Und um die ganze Szene abzurunden, bietet Chelsea sowohl ein reges Nachtleben, als auch Restaurants für jeden Geschmack. In den 1990er Jahren war Chelsea ein ausgewiesener LGBTQ*-Hotspot. Eine größere Anzahl an queeren Bars ist immer noch vor Ort. Chelsea ist so zentral gelegen und gut angebunden, dass es

sich durchaus anbietet, hier nach einem Hotel Ausschau zu halten.

MEATPACKING DISTRICT UND WEITERE HIGHLIGHTS IN DIREKTER NACHBARSCHAFT

Der Meatpacking District schließt direkt im Süden Chelseas an. Breite Straßen, modern instandgesetzte Fabrikgebäude und Kopfsteinpflaster prägen das Bild. Alles ist sorgfältig und großzügig angelegt. Die Boutiquen und Restaurants entsprechen in Preis und Ausstattung diesem Ambiente. Ein Block weiter im Osten liegt das Flatiron Building und der Madison Square Park direkt am Broadway. Das Flatiron Building hat im Mai 2023 den Besitzer gewechselt und wird seitdem renoviert und umgebaut. Als denkmalgeschütztes Gebäude wird es danach wieder in seiner alten, fotogenen Aura erstrahlen. Ebenso ist der Union Square von Chelsea aus zu Fuß gut erreichbar. Dieser bekannte, jedoch kleinere Stadtpark wimmelt in den Sommermonaten nur so von Menschen. Er bietet viel New Yorker Flair und schattige Bänke für eine Pause.

INFO

EIN GANZ BESONDERER WEG NACH CHELSEA

Es lohnt sich, vom Ground Zero kommend, mit der NYC Ferry nach Chelsea zu fahren. Auf diesem Weg hat man einen tollen Blick auf die Skyline. Einstieg auf die Fähre ist bei Battery Park City/Vesey Street. Am besten die NYC Ferry App herunterladen für den Fahrplan. Von hier geht es mit der Fähre in Richtung Midtown West/W 39th St – Pier 79. Dort angekommen, steigt man in den wartenden NY Waterway Bus (kostenlos) zur 34th Street ein und gleich bei der ersten Haltestelle wieder aus. Da ist man direkt beim Vessel in den Hudson Yards. Hier fängt die High Line an, die man in Richtung Süden weitergehen kann und damit direkt in Chelsea ist.

DIE HIGH LINE – der Park auf den ehemaligen Hochbahngleisen

www.thehighline.org

Heute ist die ehemalige Hochbahntrasse eine begrünte Oase ohne Straßenverkehr inmitten der rumorenden Stadt. Es gibt genügend Bänke und Ecken, um sich hinzusetzen. Bereits in den 1960er-Jahren wurde der südliche Abschnitt der High Line abgerissen. Der letzte Zug fuhr hier im Herbst 1980.

DER BERÜHMTE CHELSEA MARKET MIT VIELEN RESTAURANTS UND KLEINEN SHOPS

www.chelseamarket.com

In der ehemaligen Oreo Fabrik – ja, hier wurden die ersten Oreos produziert – kann man ohne Frage sehr gut essen. Es gibt eine riesige Auswahl an unterschiedlichen Restaurants aus aller Welt. Auch die deutsche Bratwurst ist vertreten. Als Touristenattraktion bringt der Chelsea Market natürlich hohe Preise und größere Menschenmengen mit sich, aber auch Toiletten.

MEHR ALS 200 KUNSTGALERIEN LADEN ZUM BESUCH EIN

Chelsea ist eines der wichtigsten und einflussreichsten Kunstviertel der Welt. Die Galerien konzentrieren sich vor allem zwischen der West 18th und der West 28th Street sowie der 10th und 11th Avenue. Das Viertel beherbergt Dutzende von Galerien, darunter einige der besten weltweit. Viele Gebäude verfügen über mehrere Etagen mit Ausstellungsräumen. Zu den Öffnungszeiten ist der Eintritt frei und alle sind herzlich willkommen zu schauen, zu fragen und natürlich auch zu kaufen.

LITTLE ISLAND
DIE KLEINE, BEGRÜNTE INSEL AUF DEM HUDSON RIVER

www.littleisland.org

Die „Insel auf Betonpfeilern“ gehört zum Meatpacking District und bietet sich an warmen Tagen an, um eine kleine Pause oder sogar ein Picknick einzulegen. Im Sommer finden hier Konzerte und andere Veranstaltungen statt. Übrigens ist Little Island an der Stelle von Pier 54 gebaut worden, wo die Überlebenden der Titanic an Land gingen. Man sieht noch die alten Pfeiler des Piers im Wasser.

DIE HUDSON YARDS IM NORDEN DER HIGH LINE

Die Hudson Yards werden oft als „Stadt in der Stadt" bezeichnet. Gebaut mit viel Glas, offener Fläche und modernem Ambiente, ist hier Platz für mehr als 100 verschiedene Geschäfte und Restaurants. Führende Industrieunternehmen haben sich hier angesiedelt, ebenso ein Luxushotel. Wer genug Geld hat, kann sich nach einem Apartment umschauen. Die Aussichtsplattform The Edge **(www.edgenyc.com)** und The Vessel, das Kunstwerk aus Treppen, das leider gesperrt wurde, sind Teil der Hudson Yards.

DAS WHITNEY MUSEUM OF AMERICAN ART

www.whitney.org

Seit 2015 hat das kurz „Whitney" genannte Museum, das ausschließlich amerikanische Kunst zeigt, seine Hauptniederlassung im Meatpacking District. Das Bauwerk stammt vom Stararchitekten Renzo Piano und ist ebenso sehenswert wie die Ausstellungen des Museums. Hier finden sich Künstler wie: Calder, Hopper, Pollock und Lichtenstein. Das Whitney bietet am Freitagabend gratis Eintritt von 19 bis 22 Uhr an. Die Tickets müssen auf der Homepage reserviert werden.

ESSEN MIT AUSSICHT IM RESTAURANT „THE PEAK“

www.peaknyc.com

Wer bei The Peak im Dining-Room isst, hat Zugang zum „Edge“. Das im 101. Stock gelegene Restaurant bietet wirklich gutes Essen über den Dächern von New York an – und zwischen den einzelnen Gängen kann man auf die Aussichtsplattform von The Edge hinausspazieren. Lunch mit zwei Gängen gibt es (ohne Getränke, Beilagen und Trinkgeld) ab 75 $, abends fürs 3-Gänge-Menü ist der Grundpreis 125 $.

BARS, CLUBS, RESTAURANTS UND EINE LEBENDIGE LGBTQ*-SZENE

www.gaycenter.org

Wer sich über das LGBTQ*-Angebot in Chelsea und anderswo in New York informieren möchte, hat im Gay Center an der 208 West 13th Street die perfekte Anlaufstelle mit Café im Eingangsbereich.

CHELSEA FLOHMARKT

www.chelseaflea.com

Der vor allem auf Antiquitäten und Vintage spezialisierte Flohmarkt findet ganzjährig samstags und sonntags statt. Aber auch sonst bietet er alles, was das Flohmarktherz begehrt. Zu finden ist er gleich beim Madison Square Park um die Ecke, an der 25th Street.

INNENHOF UND EINLADENDER GARTEN IM GENERAL THEOLOGICAL SEMINARY

1827 eröffnete Trinity Church in Chelsea das noch heute existierende anglikanische Seminar. Der Baugrund war der Kirche für diesen Zweck überlassen worden. Hier kann gegen Abgabe des Personalausweises eine Pause vom Stadttrubel eingelegt werden. Es ist eine andere Welt, in die man durch dieses schmale Tor an der 440 West 21st Street eintritt.

DONNERSTAGS AM ABEND DURCH DIE GALERIEN CHELSEAS

www.artnet.com/events/new-york

Ein sogenannter Galerien-Crawl durch Chelsea ist einfach nur faszinierend. Donnerstags ist der traditionelle Tag für die Vernissage einer Ausstellung. Meistens von 18 bis 20 Uhr. Am einfachsten ist es, man sucht sich ein oder zwei Galerien heraus, die eröffnen (siehe Link) und lässt sich dann treiben. Wein und kleine Häppchen gibt es häufig kostenlos dazu. Am dritten Donnerstag im Monat haben auch viele Galerien unabhängig von einer Vernissage offen.

ESSEN, TRINKEN, SCHLAFEN

GARTEN, BAR UND CAFÉTERIA – THE HIGH LINE HOTEL

www.thehighlinehotel.com

Das High Line Hotel hat 2009 im Westflügel des theologischen Seminars eröffnet. Es bietet aber nicht nur individuelle Zimmer in ruhigem Ambiente. Während der Sommerzeit ist die Gartenbar und das Gartencafé mit

Sitzplätzen unter Bäumen eine richtige Oase im Stadtgewusel. Das Café verlagert sich bei kaltem und schlechtem Wetter ins Foyer. Der Kaffee dort ist eine absolute Empfehlung.

BATHTUB GIN – SPEAKEASY

www.bathtubginnyc.com

Das nicht originale, aber originelle „Bathtub Gin“ im Hinterzimmer des Stone Street Coffee Shop an der 132 9th Avenue hat eine prominent aufgestellte Badewanne zum Sich-Räkeln. Die Türsteher vor dem Coffee Shop wirken abschreckend, lassen einen jedoch gerne durch die Tür hinter der Ladentheke in die versteckte Cocktailbar eintreten.

PEPE GIALLO

www.pepegiallo.com

Ein richtig nettes italienisches Restaurant mit Charme. Es gibt Tische vor dem Lokal mit und ohne Überdachung und die Besitzer des Restaurants haben es geschafft, auch diesen Vorplatz einladend zu gestalten.

HOTEL CHELSEA

www.hotelchelsea.com

Dieses Hotel schrieb Geschichte. Die Liste der Bewohner liest sich wie das Who is Who der Literatur-, Kunst- und Musikwelt. Von Mark Twain, Arthur Miller, Tennessee Williams, William S. Burroughs, Allen Ginsberg über Stanley Kubrik, Jane Fonda, Tom Waits, Patti Smith, Jim Morrison, Iggy Pop, Bob Dylan, Chick Corea, Edith Piaf, Jimi Hendrix, Sid Vicious von den Sex Pistols, der dort im Drogenrausch seine Freundin ermordete, bis hin zu Madonna. Ebenso drehte Andy Warhol seinen Film „Chelsea Girls“ in diesem Hotel. Die meisten Gäste waren Langzeitresidents. Nach einer längeren Umbauphase hat das Hotel Chelsea wieder für Gäste geöffnet und bietet individuell eingerichtete Zimmer an.

MIDTOWN

Midtown Manhattan ist einer der größten zentralen Geschäftsbezirke der Welt. Er gehört mit zu den teuersten Immobilienstandorten und beherbergt Bürokomplexe wie das Rockefeller Center oder den Office Tower der Bank of America. Aber Midtown ist mitnichten nur ein Geschäftsbezirk. Hier tobt das Leben am Broadway mit seinen Theatern und hier befindet sich der Times Square. In Midtown wird aber auch gewohnt, eingekauft und gegessen. Berühmt ist das Stadtviertel ebenso für das Empire State Building, den UNO-Hauptsitz, Grand Central Terminal, das Chrysler Building oder seit neuestem für die Billionaire's Row.

In Midtown brodelt es. Hierher zieht es alle Besucher und hierher

zieht es auch die Touristenmaschinerie. Es wird viel Grelles geboten und wer Lust darauf hat, kann in eine wunderbar bunte, laute und spannende Welt abtauchen. Angefangen von den Musicals, über Madame Tussauds bis hin zu Junior's Cheesecake oder dem Lego-Laden beim Rockefeller Center – hier tobt die Unterhaltungsindustrie. Lohnenswert ist auch für alle, die dieses Viertel sonst meiden, ein Besuch der Aussichtsplattformen von Midtown.

EMPIRE STATE BUILDING AUSSICHTSPLATTFORM

www.esbnyc.com und www.esbnyc.com/buy-tickets/sunrise-esb

Das Empire State Building ist eines der Wahrzeichen von New York. Es ist also schon etwas Besonderes, die Stadt von dem ehemals höchsten Gebäude der Welt (1931–1971) zu bewundern. Ein Insider-Tipp: Dort gibt es Sonnenaufgang-Tickets am Samstag. Wer am Freitag anreist, ist sowieso am nächsten Morgen schon früh wach. Gebucht werden können diese über die Empire State Building Homepage. Aufgrund des begrenzten Kontingents mehrere Wochen im Voraus buchen!

TOP OF THE ROCK – OBSERVATION DECK

www.rockefellercenter.com

Die Aussichtsplattform vom Rockefeller Center bietet die beste Sicht auf den Central Park und man hat von dort ebenso das Empire State Building im Blick. Daher bietet es definitiv die schönste Aussicht aller Observation Decks. Es bietet sich an, von hier den Sonnenuntergang und danach die glitzernden Wolkenkratzer zu beobachten.

SUMMIT ONE VANDERBILT OBSERVATION DECK

www.summitov.com

Im Summit One Vanderbilt befindet sich das neueste Aussichtsdeck mit drei unterschiedlichen Ebenen, wovon eine ganz verspiegelt ist und man sich von allen Seiten, oben und unten sieht. Ich habe noch niemanden getroffen, der von dieser Plattform nicht begeistert war. Gerade für Kinder ist sie richtig kurzweilig. Das Summit One Vanderbilt kann man durch das Grand Central Terminal betreten. Es macht also Sinn, die beiden Sehenswürdigkeiten miteinander zu verbinden.

GRAND CENTRAL TERMINAL

www.grandcentralterminal.com

Dieser gilt als der schönste Bahnhof der Welt. Die wunderschöne Haupthalle mit der „Goldenen Uhr“ in der Mitte und der türkisfarbenen Deckenbemalung, die Jugendstillampen und das Gefühl im Guilded Age (dem sogenannten güldenen Zeitalter) gelandet zu sein, lassen einen da gerne zustimmen. Dieser Bahnhof birgt neben dem offensichtlichen Glamour einige geheimere Ecken.

FLÜSTERGEWÖLBE IM GRAND CENTRAL TERMINAL

Vor der bekannten Oyster Bar auf dem Weg zum Food Court im Untergeschoss des Bahnhofs, trägt das Deckengewölbe die Stimme von einer Ecke in die andere. Irgendwie fast wie bei einem Funkgerät. Das ist der Grund, weshalb man hier Menschen mit der Wand reden sieht.

FLÜSTERKNEIPE – THE CAMPBELL

www.thecampbellnyc.com

Versteckt in der südwestlichen Ecke des Bahnhofs befindet sich ein wirklich besuchenswertes Speakeasy. In der Prohibitionszeit war dies keine Kneipe, sondern ein Büro. Mister Campbell hat aber richtig tolle Einladungen dort geschmissen. Am besten sich auf Google die genaue Position anschauen und dann auf die Suche gehen. Am Samstag gibt es ab 21 Uhr live Jazz.

ROCKEFELLER CENTER

www.rockefellercenter.com

Am bekanntesten ist hier neben dem Aussichtsdeck die Rockefeller Plaza, wo im Winter hinter dem kleinen Schlittschuhfeld der bekannteste Christbaum der Welt steht. Die Radio City Hall, wo zur Advents- und Weihnachtszeit die Rockets auftreten, gehört ebenso zum Rockefeller Center wie der Lego Flagship Store.

ST. PATRICK'S CATHEDRAL

Gegenüber vom Rockefeller Center befindet sich die St. Patrick's Cathedral. Diese Kirche, in die man unbedingt einen Blick werfen sollte, wird am Ostersonntag jeweils Zentrum der Easter Bonnet Parade und Festivals. Sich unter die Menschen mit besonderen Hut-Outfits zu mischen, macht Freude und gute Laune.

UNO-HAUPTQUARTIER

Es lohnt sich auf jeden Fall, die UN-Headquarters zu besuchen. Man kann im Voraus für 26 $ eine Tour buchen. Die Tour gibt es in mehreren Sprachen. Deutsch steht allerdings selten auf dem Programm: **www.un.org/en/visit/tour.** Wer einen besonderen, sehr schönen Blick auf die UN haben möchte, dem empfehle ich, mit der Gondel (Roosevelt Tramway) nach Roosevelt Island überzusetzen und dort einen Spaziergang zur Südspitze zu

machen. Von dort aus hat sieht man das UN-Gebäude viel besser, als wenn man direkt davorsteht.

TIMES SQUARE MIDNIGHT MOMENT

Zum Times Square ist schon vieles gesagt worden. Die Einheimischen meiden ihn, die Touristen suchen ihn. Und wer zum ersten Mal dort ist, wird aus dem Staunen nicht herauskommen. Am schönsten und eindrücklichsten ist es natürlich, nachts über den Times Square zu gehen, mit all seinen Lichtern und Reklamen. Und um Mitternacht gibt es bereits seit 2012 den Midnight Moment. Von 23:57 Uhr bis 00:00 Uhr wird das Werk eines zeitgenössischen Künstlers oder einer Künstlerin für drei Minuten auf 92 Displays von der 41th bis 49th Street gezeigt, und zwar 364 Nächte im Jahr. Welche Nacht fällt raus? Genau – die Silvesternacht.

MOMA – Museum of Modern Art

www.moma.org/visit

Das Museum of Modern Art zeigt Kunst ab Ende des 19. Jahrhunderts. Inzwischen sind die früher anstößigen Werke von Cézanne über Van Gogh bis Meret Oppenheim schon selbst klassisch. Dem Museum ist es allerdings nach wie vor ein Anliegen, auch dem heutigen Zeitgeist gerecht zu werden und weiterhin anstößig im besten Sinne des Wortes zu sein. Ein Besuch reicht für einen kleinen Einblick und Überblick und lohnt sich auf jeden Fall. Leider gibt es keine Gratistickets mehr für Touristen. Bei der Wahl eines New York Passes unbedingt darauf achten, dass das MoMA mit dabei ist.

HELL'S KITCHENS RESTAURANTS UND ROOFTOP-BAR

Hell's Kitchen ist der Westen Midtowns. Ursprünglich eine Arbeitergegend, in der aber durchaus auch noch einige der typischen Stadthäuser zu finden sind. Zwischen 9th Avenue und 11th Avenue und 46th und 48th Street lohnt es sich, ohne konkretes Ziel zu flanieren, die Atmosphäre aufzusaugen, nach einem Restaurant Ausschau zu halten und sich einfach vom Bauchgefühl leiten zu lassen. Für davor oder danach ist die Rooftop-Bar „Press Lounge" des Ink48 Hotels

(www.thepresslounge.com) an der 11th Avenue Nr. 653 eine absolute Empfehlung! Wer gerne ein paar konkrete Essens-Anlaufstellen hat, kann sich an der Onlinekarte für Restaurants von „Eater New York" orientieren:

TODAYTIX UND TKTS FÜR BROADWAY MUSICALS

www.todaytix.com & www.tdf.org/discount-ticket-programs/tkts-by-tdf

New York ist fast synonym mit dem Broadway und seinen Musicals. Den Besuch eines Musicals zu erleben bedeutet, gleichzeitig großartige Musik, eine herausragende Show und eine mitreißende Geschichte genießen zu können. Dieses Vergnügen ist natürlich nicht billig, da die Produktionskosten auch entsprechend hoch sind. Es gibt aber ein paar Tipps und Tricks, mit denen man günstigere Tickets für 40–90 $ erwerben kann. Bis vor einigen Jahren war der Geheimtipp dafür die TKTS-Kasse am Times Square. Diese gibt es noch, auch als App, und man bekommt dort auch heruntergesetzte Tickets. Außerdem gibt es TKTS beim Lincoln Center, mit einer viel kleineren Warteschlange. Genauso gut ist TodayTix (als Website oder App). Dort bekommt man die gleichen Angebote und kann zusätzlich an Lotterien teilnehmen, Rush-Tickets erwerben und sich ganz allgemein informieren und die Tickets auch gleich bezahlen.

ROOFTOP-BARS FÜR INSIDER

Midtown hat eine enorme Auswahl an Rooftop-Bars. Die meisten Rooftop-Bars gehören zu einem Hotel und man muss bei einem Türsteher vorbei. Die wenigsten haben vor 16 Uhr geöffnet. Wer früh kommt, hat gute Chancen auf einen netten Platz auch ohne Reservierung – einfach sagen, dass man sich gerne einen Drink an der Bar holen möchte. Hier ein paar Rosinen aus dem Kuchen. Die besten Outdoorterrassen: Hotel Pod 39 Rooftop (**www.freeholdrooftop.com**) oder die Bar 54 im Hyatt Hotel. Indoor empfehle ich The Skylark (**www.theskylarknyc.com**), die Ophelia Lounge (**www.opheliany.com**) oder das Nubeluz (**www.nubeluzbyjose.com**).

KOREANISCHES BBQ IN KOREATOWN

www.jongrobbqny.com

Dieses Restaurant hat seinen Ursprung direkt in Südkorea und eröffnete eine amüsante Location an der 22 West 32nd Street. In einem unscheinbaren, mehrstöckigen Haus geht man durch die nicht wirklich restaurantgerechte Eingangstür und fährt mit dem Lift in den zweiten Stock. Das ist für uns der erste Stock, aber in den USA fängt die Zählung mit eins im Erdgeschoss an. Tritt man aus dem Lift, findet man sich in einer großräumigen Halle wieder, wo die besten Barbecues in Koreatown angeboten werden.

MIT DER NYC FERRY ÜBER DEN HUDSON UND AN DER FREIHEITSSTATUE VORBEI

www.ferry.nyc

Achtung, dies ist nicht die kostenlose Staten Island Ferry, sondern die öffentliche Fähre von New York – Kosten pro Fahrt sind 4 $. Auch mit dieser Fähre hat man eine richtig gute Sicht auf Lady Liberty. Die Route startet am Hudson River Richtung St. George entweder am Pier 78, auf der Höhe der 39th Street, wo auch die Fähre nach New Jersey ablegt oder auf der Höhe von Ground Zero bei der Anlegestelle Battery Park City/ Varsey Street. Fahrplan und Route sind auf der Website zu finden Der schönste Weg zum Pier 78 ist zu Fuß durch Hell‘s Kitchen. Am besten vom Times Square auf der 46th Street zum Hudson River gehen und beim ehemaligen Flugzeugträger USS Intrepid, dem heutigen Intrepid Museum, links vorbei auf die Uferpromenade abbiegen und zum Pier 78 weitergehen. Dort legt die NYC Ferry ab nach Downtown und weiter nach Staten Island.

OFF-BROADWAY THEATER

Off-Broadway Aufführungen sind nicht mit ganz so vielen Effekten bestückt, wie die Broadway Musicals. Sie finden auch in kleinerem Rahmen statt. Es gibt sogar Off-Off-Broadway Theater. Das sind dann die ganz persönlichen Vorführungen. Diese Stücke sind ein ganz besonderes und individuelles Erlebnis und schonen die Reisekasse. Über den QR-Code ist eine Liste der Off-Broadway Shows (es sind auch Musicals dabei) vom New York Theatre Guide abrufbar.

New York Theatre Guide

BARNES & NOBLE AN DER 5TH AVENUE – NEW YORK BÜCHER

Barnes & Noble als Bücherladen sollte man eigentlich nicht wirklich empfehlen, da er den kleinen Bookstores das Wasser abgräbt. Bei dieser Filiale an der 5th Avenue Nummer 555 mache ich eine Ausnahme. Gleich nach dem Eingang auf der linken Seite gibt es hier die größte Auswahl an Literatur über New York, Bücher, die in New York spielen, und allgemein über die Stadt, die ich kenne. Es macht richtig Freude, sich hier umzuschauen. Auch ein paar nette Mitbringsel können erstanden werden. Im Obergeschoss bei Starbucks, den es in jeder Barnes & Noble Filiale gibt, ist eine Toilette.

BIRDLAND JAZZ CLUB

www.birdlandjazz.com

Der legendäre Jazz Club, in dem Größen wie Charlie Parker, Dizzy Gillespie, Thelonious Monk, Miles Davis, John Coltrane, Stan Getz und viele mehr auftraten, ist nun an der Nummer 315 West 44th Street zu finden. Und auch heute ist dieser Club nicht zu unterschätzen. Man kann den Musikgenuss dort sogar mit einem Abendessen verbinden.

MAGIC AFTER HOUR BEI TANNEN'S MAGIC SHOP

www.magicafterhours.com

An der 34th Street, Nummer 45 West befindet sich der älteste Zauberladen New Yorks im 6. Stock des Gebäudes. Hier gibt es alles, was das Zaubererherz begehrt und jeden Mittwoch und Freitag um 20 Uhr eine ca. einstündige Zaubershow.

6½ AVENUE

Manhattans Avenues zählen zu den berühmtesten Straßen der Welt. Sofort kommen einem die 5th Avenue oder die 1st Avenue in den Sinn, die jeweils für die UN-Generalversammlung gesperrt werden. Versteckt zwischen der 6th und 7th Avenue, von der West 57th Street und der West 51st Street liegt eine kleine verborgene Avenue, die unbekannt ist und irgendwie an Harry Potters Bahnsteig in London erinnert. Sie ist die einzige Straße mit einer gebrochenen Nummer in New York und wurde 2012 offiziell ausgeschildert. Wer mit Kindern unterwegs ist, sollte diese Straße unbedingt besuchen.

TOMI JAZZ

www.tomijazz.com

Eine Jazzrestaurant-Bar mit live Musik und japanischen Gerichten zum Teilen. Unter New Yorkern zwar kein Geheimtipp, aber Touristen verirren sich selten hierher. Jeden Tag offen ab 17 Uhr – Reservierung nicht möglich. Wer am Wochenende kommt oder nicht wirklich früh oder spät, muss allenfalls etwas warten.

TAPAS HAPPY HOUR BEI SOCARRAT – Paella Bar

www.socarratnyc.com

Ein gemütliches und freundliches Restaurant mit Tapas zum halben Preis zwischen 16 und 18 Uhr. Damit sind sie dann nur noch ein ganz klein bisschen teurer als in

Deutschland. Bestimmte Weine und Biere gibt es auch günstiger. In diesem netten Lokal lässt sich der Abend jedenfalls sehr gut starten.

ESSEN, TRINKEN, SCHLAFEN

KIXBY HOTEL

www.kixby.com

Direkt um die Ecke vom Einkaufshaus Macy‘s und in Fußnähe vom Times Square und den Sehenswürdigkeiten von Midtown befindet sich dieses wirklich nette Hotel mit Rooftop-Bar. Hier ist man inmitten des Trubels, mit bester Anbindung an die Subway.

KEENS STEAKHOUSE

www.keens.com

Mit Amerika verbindet man immer auch die großen, butterzarten, schmackhaften Steaks. Meine Empfehlung für eines der besten Steakrestaurants in Manhattan ist das „Keens“. Hier stimmt einfach alles, vom Service über Atmosphäre bis hin zum wirklichen Steakerlebnis. Es gibt auch Steaks an der Bar!

REMI FLOWER & COFFEE

www.reminyc.com

Ein Café der besonderen Art befindet sich an der 2nd Avenue Nummer 906. Es liegt auf der Ostseite von Midtown in der Nähe der UNO. Zwischen Blumen und Blättern in sehr gemütlichem Ambiente trinkt man hier seinen Kaffee und Kuchen gibt es auch! W-LAN ist ebenfalls vorhanden und ein WC, das allerdings nicht gleich ersichtlich ist. Unbedingte Empfehlung!

NOTHING REALLY MATTERS BAR

www.instagram.com/nothingreallymattersbar

Diese versteckte Bar befindet sich im Subwayeingang der Downtown U1 Station an der 50th Street. Tagsüber ist der Rollladen unten und der Eingang sieht aus wie ein verkommener Shop, der einen neuen Besitzer bräuchte. Wer ab 16 Uhr hier vorbeischaut, mag staunen, dass man durch eine offene Tür einen opulenten Barraum erblickt, den man hier definitiv nicht erwarten würde.

UPPER EAST SIDE UND MUSEUM MILE

Die Upper East Side ist der östlich vom Central Park gelegene Stadtteil bis zur 96th Street. Es ist eine sehr exklusive Wohngegend. Besuchern ist vor allem die Museum Mile bekannt. Ansonsten bietet dieses Quartier eher punktuelle Anlaufstellen. Wer nach einem Museumsbesuch Hunger hat, wird bestimmt bei einem Bummel auf der 2nd Avenue von der 79th Street bis zur 92nd Street oder auf der 3rd Avenue zwischen der 73rd und der 87th Street fündig.

Diese Gegend war neben dem Tummelplatz für die „Gossip Girls“ aus dem gleichnamigen Film auch Heimat vieler deutscher Einwanderer und wurde im Volksmund German Town genannt. Yorkville, ein Viertel der Upper East Side, wurde gegen Ende des 19. Jahrhunderts das Herzstück der deutschen Gemeinde von New York. Zu dieser Zeit war es bekannt für seine Biergärten, Würstchen und seine lebendige Kultur. Heute zeugen an der 83rd Street noch der deutsche Metzger „Schaller und Weber“ und an der 86th Street die wirklich nette Kneipe namens „Heidelberg“ von den deutschen Ursprüngen. In der Upper East Side wohnt auch der Bürgermeister New Yorks. Sein Wohnhaus, genannt Gracie Mansion, ist ein historisches Herrenhaus im Carl Schurz Park. Seit den 1940er Jahren dient es jeweils als Residenz für die Bürgermeister von New York.

DIE MUSEEN DER MUSEUM MILE

FRICK COLLECTION

www.frick.org

Die Sammlung von Henry Clay Frick ist bis Ende 2024 im Breuer Building an der 945 Madison Avenue untergebracht. Es handelt sich vor allem um europäische Kunst bis Mitte des 19. Jahrhunderts. Ein Teil der Attraktivität der Frick Collection macht natürlich aus, dass sie normalerweise im ehemaligen Wohnhaus von Frick gezeigt wird. Wobei das von Marcel Breuer entworfene Museum, das ursprünglich für das Whitney Museum of American Art entworfen und gebaut wurde, ebenso seinen unbestrittenen Reiz hat.

METROPOLITAN MUSEUM OF ART

www.metmuseum.org

Das MET, wie dieses größte Kunstmuseum in den USA abgekürzt wird, bietet Einblicke in die weltweite Kunst und Kultur. Angefangen vom Alten Ägypten über das Mittelalter bis zur hin zur Moderne und von Asien bis Amerika gibt es wenig, was im MET nicht vertreten ist. Hier gibt es keinen freien

Eintritt, aber am Freitag und Samstag hat das Museum bis 21 Uhr geöffnet und meistens wird auch live klassische Musik gespielt.

NEUE GALERIE

www.neuegalerie.org

Die „Neue Galerie New York" ist ein Museum für deutsche und österreichische Kunst des frühen 20. Jahrhunderts. Das Museum befindet sich auf Höhe der 86th Street an der 5th Avenue. Am ersten Freitag im Monat ist von 17 bis 20 Uhr freier Eintritt. First-come, first-served und keine Kinder unter 12 Jahren. Die Warteschlange ist meistens lang. Hier ist auch das dem Stil der Wiener Kaffeehäuser nachempfundene „Café Sabarsky" untergebracht.

MUSEUM OF THE CITY OF NEW YORK

www.mcny.org

Das Museum ist klein und bietet mit seinen Ausstellungen punktuellen Einblick in ein Stück New York Geschichte. Es wird aber unabhängig von der Ausstellung immer ein halbstündiger Film gezeigt, der die Geschichte von New York gut und verständlich beschreibt. Außerdem ist der Geschenkladen sehr charmant.

COOPER HEWITT SMITHSONIAN DESIGN MUSEUM

www.cooperhewitt.org

Das Cooper Hewitt ist ein Designmuseum und zeigt von Traditionen bis Innovationen unterschiedliche Ausstellungen im Bereich Entwürfe und Dekoration. Untergebracht ist das Museum in der ehemaligen Villa von Andrew Carnegie.

SOLOMON R. GUGGENHEIM MUSEUM

www.guggenheim.org

Meist wird dieses Museum einfach das Guggenheim genannt. Es ist ein Kunstmuseum an der 5th Avenue zwischen der 88th und 89th Street. Die ständig wachsende Sammlung beinhaltet impressionistische, postimpressionistische, moderne und zeitgenössische Kunst und zeigt das ganze Jahr über Sonderausstellungen. Das Museumsgebäude, ein Meilenstein der Architektur des 20. Jahrhunderts, wurde von Frank Lloyd Wright entworfen und wurde 1959 fertiggestellt.

WEITERE MUSEEN

DAS JÜDISCHE MUSEUM

www.thejewishmuseum.org

Als Kunstmuseum hat sich das Jüdische Museum zum Ziel gesetzt, die Komplexität und Lebendigkeit der jüdischen Kultur für ein weltweites Publikum zu beleuchten. Durch Ausstellungen und Programme unterschiedlichster Kunstschaffender in verschiedenen Bereichen werden Ideen geteilt und Dialoge gefördert. Das Jüdische Museum war die erste Institution dieser Art in den Vereinigten Staaten und ist eines der ältesten jüdischen Museen der Welt.

MUSEO EL BARRIO

www.elmuseo.org

Dieses Museum befindet sich bereits im Viertel von East Harlem, einer südamerikanisch-karibisch dominierten Nachbarschaft mit vielen unterschiedlichen ethnischen Einflüssen. Eine kulturell sehr spannende Gegend also, die sich auch im Museum widerspiegelt. Preislich ist dieses Museum überschaubar. Die Empfehlung für Erwachsene beträgt 9 $, es besteht jedoch die Möglichkeit, weniger zu bezahlen.

FÜHRUNG DURCH DAS HAUS DES BÜRGERMEISTERS

www.graciemansion.org

Gracie Mansion, auch bekannt als „The People's House", ist eine historische Stadtvilla, die sich im Carl Schurz Park befindet. Die Villa dient als offizielle Residenz des Bürgermeisters von New York. Sie ist ein beeindruckendes Beispiel der neoklassizistischen Architektur und öffnet ca. zweimal im Monat die Türen für Besucher. Man kann sich auf der Homepage von Gracie Mansion zu einer Führung durch das Haus und dessen Geschichte anmelden.

FLAGSHIP STORE VON BLOOMINGDALE'S

Dieses traditionelle Luxus-Einkaufshaus an der 3rd Avenue Nr. 1000 wurde 1861 gegründet. Wer über ausreichend finanzielle Mittel verfügt, kann sich hier den amerikanischen Traum vom Einkaufen erfüllen.

BEMELMANS BAR

Die Bemelmans Bar im Carlyle Hotel an der 35 East 76th Street ist legendär. Hier verkehrten und verkehren Schauspieler, Politiker und alles, was Rang und Namen hat. Die Bar hat mehrere Räume und bietet an manchen Abenden auch Livemusik an.

LUNCH IM PICCOLA CUCINA UPTOWN

www.piccolacucinagroup.com/en/piccola-cucina-uptown

Das italienische Restaurant an der 106 East 60th Street ist ohnehin empfehlenswert, aber am Mittag ist es ein Geheimtipp: Piccola Cucina Uptown bietet ein preislich sehr moderates und absolut leckeres Lunch Special Angebot an.

LEXINGTON CANDY SHOP – die echte Cola

An der Lexington Avenue 1226 gibt es noch die einzige Cola, die serviert wird wie damals: Seltzer-Wasser mit Cola-Sirup und Vanille-Eiscreme darauf. Aber das ist nicht der einzige Grund, den Lexington Candy Shop aufzusuchen. Anders, als der Name vermuten lässt, ist der Shop auch ein Diner mit dem unschlagbaren Charme vergangener Tage. Es gibt Burger oder Pommes, Omelett und natürlich andere Getränke für diejenigen, die vielleicht zu Recht finden, dass diese Cola zu süß sei.

ZUM CARL SCHURZ PARK MIT DER NYC-FÄHRE

www.carlschurzparknyc.org

In diesem wunderschönen Park steht das Haus des Bürgermeisters. Er ist genug groß, um sich von der Stadt ein wenig zu erholen und das Beste: Man erreicht ihn mit der öffentlichen NYC-Fähre. Wer also gerne die Skyline vom East River aus bewundert, kommt hier auf seine Kosten. Ausstieg und Einstieg East 90th Street: **www.ferry.nyc**

THE MUSEUM OF ILLUSTRATIONS

www.societyillustrators.org

An der East 63rd Street Nr. 128 kommen Comicliebhaber auf ihre Kosten. Die Society of Illustrators bietet wechselnde Ausstellungen und Workshops an, die gerade für Familien spannend sind. Auch junge Nachwuchskünstler haben hier die Gelegenheit, ihre Kreativität zu entfalten.

ESSEN, TRINKEN, SCHLAFEN

HOTEL 57 BY LUXURBAN

www.hotel57.com

Aufgrund von zwei Straßenabschnitten gehört das Hotel 57 technisch gesehen nicht mehr zur Upper East Side, sondern zu East Midtown. Aber es bietet für einen moderaten Preis eine so gute Leistung, dass es in dieser Hinsicht alle Hotels in der Umgebung aussticht. Und die Lage ist optimal.

AUF EIN BIER INS HEIDELBERG

www.heidelberg-nyc.com

Das „Heidelberg Restaurant“ an der 2nd Avenue Nummer 1648 ist eines der ältesten, familiengeführten deutschen Restaurants in den USA. Es stammt noch aus der Zeit, als diese Ecke an der Upper East Side ein lebhaftes deutsches Quartier war. Es gibt deutsches Bier, Brezeln und mehr. Wer in New York lieber andere Gerichte verzehren möchte, wird bestimmt an der 2nd Avenue rund ums Heidelberg auch fündig.

RESTAURANT DANIEL

www.danielnyc.com

In der noblen Gegend der Upper East Side gibt es natürlich auch erstklassige Restaurants. Dieses mit zwei Michelin-Sternen und dem James Beard Award ausgezeichnete französische Restaurant von Küchenchef Daniel Boulud ist perfekt für besondere Anlässe. Man isst hier raffiniert und elegant. Das Abendessen kostet 188 $ für vier Gänge (plus Zuschläge) oder 275 $ für acht Gänge.

BLUE STONE LANE UPPER EAST SIDE CAFÉ

Dieses Café ist direkt am Central Park gelegen und befindet sich auf der Höhe des Jackie Kennedy Onassis Reservoir im Seiteneingang einer Kirche. Es lässt sich also bestens ansteuern, um nach einem Spaziergang durch den Park eine Pause einzulegen, bevor man sich die Museum Mile vornimmt. Die Blue Stone Lane Cafés sind in New York häufig vertreten und immer eine gute und einladende Anlaufstelle für leckeren Kaffee, aber auch Avocadotoasts und Kuchen.

CENTRAL PARK UND UPPER WEST SIDE

CENTRAL PARK

www.centralparknyc.org

Der Central Park erstreckt sich von der 59th bis zur 110th Street und von der 5th bis zur 8th Avenue. Er ist gut 4 Kilometer lang und 860 Meter breit. Er ist tatsächlich die Lunge New Yorks und ein Erholungsgebiet, das von Einheimischen wie Touristen geschätzt wird. Der Park dient wirklich dazu, der Stadt so weit wie möglich zu entfliehen. Es ist kein verschnörkelter Kunstgarten, sondern von den Gartenarchitekten bereits 1857 so geplant worden, dass er so viel Natur wie möglich für die Großstadt bietet. Allerdings ist das Naturgefühl meist durchbrochen durch die vielen Besucher, gerade im südlichen Teil. Im Norden ist es durchaus denkbar, ein fast einsames Plätzchen für sich zu finden. Dort treffen sich auch regelmäßig Ornithologen, um die Hundertschaft an Vögeln zu studieren, die der Central Park anzieht.

BETHESDA FOUNTAIN UND BETHESDA TERRACE

Dies ist das Herzstück des Parks und in vielen Filmen als Kulisse zu sehen. Ebenso ist dieser Ort Treffpunkt für Musiker, Instagrammer, Touristen und Schildkröten, die sich im See, an den die Terrasse grenzt, den Platz streitig machen.

HECKSCHER SPIELPLATZ

Es gibt 21 Spielplätze im Central Park. Aber dieser ist eindeutig der Beste und Größte. Im Sommer sind hier Wasserwege zu begehen und die Felsen laden zum Klettern ein. Es gibt eine Toilette und Wasserspender. Außerdem liegt er südlich und somit gut erreichbar auf der Höhe der 65th Street und der 7th Avenue.

MIT DEM FAHRRAD DURCH DEN CENTRAL PARK

Wer mit dem Fahrrad im Central Park unterwegs ist, sollte sich vorher darüber im Klaren sein, dass es nur wenige Fahrradwege gibt. Man kommt zu den unterschiedlichen Orten und Plätzen im Central Park dann nur schiebenderweise oder wenn man die Fahrräder immer mal wieder abschließt und sich zu Fuß aufmacht. Das soll kein Plädoyer gegen das Radfahren im Central

Park sein, sondern vielmehr der Hinweis, unbedingt ein Schloss vom Fahrradverleih mitzunehmen.

WOLLMAN RINK

Der Wollman Rink ist das zweitbekannteste Schlittschuhfeld New Yorks nach „The Rink“ am Rockefeller Center. Die Saison startet Ende Oktober und endet Mitte März mit drei kostenlosen Tagen. Auch im Sommer werden hier oft sportliche Aktivitäten wie Rollschuhfahren oder Pickle Ball angeboten.

STRAWBERRY FIELDS

Strawberry Fields ist der von Yoko Ono angelegte Gedenkgarten für John Lennon im Central Park mit dem „Imagine Mosaik“. Es ist in der Regel immer ein Musiker vor Ort, der Beatles-Songs spielt und die Bänke laden zum Verweilen ein.

DAS DAKOTA BUILDING – wo John Lennon gewohnt hat

Das Dakota Building an der 72th Street/Central Park West ist an sich eine Größe. Nicht nur, weil es eines der ältesten Luxus-Apartmenthäuser der Stadt ist und John Lennon vor dem Eingang erschossen wurde. Es ist auch als Wohnhaus sehr begehrt. Außer John Lennon

haben hier Judy Garland, Lauren Bacall und Leonard Bernstein gewohnt. Dabei ist nicht einfach, im Dakota ein Apartment zu kaufen, auch wenn man das nötige Kleingeld hat. Abgelehnt worden sind unter anderem Madonna, Billy Joel und Cher.

UPPER WEST SIDE

Der Central Park trennt die Upper East Side von der Upper West Side. Im Gegensatz zur Upper East Side, die als teure Wohngegend eher ruhig ist, ist die Upper West Side belebter. Es befindet sich dort das Lincoln Center mit seinem Kulturangebot von Oper, Ballett und Philharmonie. Daneben ist gleich die renommierte Juilliard Musikschule und die Auswahl an Restaurants, Kneipen und Läden ist vielfältig. Gerade auch entlang den beiden Hauptachsen der Upper West Side, der Columbus Avenue (9th Ave) und der Amsterdam Avenue (10th Ave), lädt das Stadtviertel zum Flanieren und Entdecken ein. Wer in die einzelnen Straßen einbiegt, trifft hier immer wieder auf die typischen Brownstone-Reihenhäuser mit den hohen Treppenaufgängen.

AMERICAN MUSEUM OF NATURAL HISTORY

www.amnh.org

Das Naturkundemuseum liegt am Central Park West zwischen der 77th und der 81st Street. Neben den bekannten Dinosaurierskeletten und der permanenten Ausstellung gibt es einige sehenswerte Sonderausstellungen und einen 5D-Film. Ebenso gilt das Hayden Planetarium als eines der weltbesten Planetarien der Welt, und die Schmetterlingswelt ist einfach grandios. Diese Ausstellungen kosten zusätzlich, lohnen sich aber sehr. Einfach auf der Homepage nach besonderen Aktionen, Führungen und Extras Ausschau halten.

LINCOLN CENTER

www.lincolncenter.org

Das Lincoln Center ist das kulturelle Zentrum der Upper West Side. Hier treffen sich auf geballtem Raum Oper, Theater, Konzert, Ballett, eine Musikmuschel und zwei Outdoor-Plätze, die für Aufführungen genutzt werden können. Die weltbesten Stars der Oper treten hier in der „Met“ auf. Zur Weihnachtszeit wird hier traditionell der Nussknacker aufgeführt. Im Sommer finden Outdoor-Events statt

und zwischen den ganzen Festivals sind die New York Philharmoniker nicht zu vernachlässigen. Eine Übersicht über alle Veranstaltungen bietet der Link oben. Und hier sind die einzelnen Links zu Ballett, Oper und Konzert: **www.nycballet.com; www.metopera.org; www.nyphil.org**

GRAND BAZAAR – *der* Flohmarkt in Manhattan

www.grandbazaarnyc.org

Nicht nur Flohmarktsachen können hier sonntags durchstöbert werden, auch viele lokale Anbieter verkaufen hier ihre Eigenprodukte. Es ist also durchaus eine Gelegenheit, originelle Mitbringsel zu shoppen. Ebenso ist an Essensständen kein Mangel. Der Grand Bazaar findet zu jeder Jahreszeit, draußen und drinnen, direkt hinter dem Naturhistorischen Museum statt: 100 West 77th Street.

BANKSY – HAMMER BOY

Dieses Graffiti an der West 79th Street Nummer 233 wurde 2013 während Banksys Besuch in New York geschaffen und ist durch Plexiglas geschützt. Das entspricht zwar nicht wirklich den Graffiti-Regeln, die besagen, dass Graffitis per se nicht bleibend sein sollen.

Aber irgendwie ist man doch froh, diesen echten Banksy hier sehen zu können.

THE BEACON THEATER

www.msg.com/beacon-theatre

Hier sind schon die Rolling Stones aufgetreten. Das Theater ist 1929 als Kino eröffnet worden, hat aber seine Bestimmung in der Rockmusik gefunden, wobei auch andere Veranstaltungen in dem 2600 Personen fassenden Raum stattfinden. Es ist vor einigen Jahren so renoviert worden, dass es wieder in seinem alten Glanz erstrahlt.

LUKE'S LOBSTER

www.lukeslobster.com

New York, oder die Ostküste im Allgemeinen, ist für seine Lobster Rolls und Meeresfrüchte bekannt. Während viele vielleicht die Fastfoodkette „Red Lobster" kennen, gilt „Luke's Lobster", mit einem kleinen Restaurant in der 426 Amsterdam Avenue, als der beste Ort für Lobster in New York. Das Restaurant ist schlicht und gemütlich eingerichtet. Der Weg hierher entlang der Amsterdam Avenue lohnt sich ebenfalls, besonders für diejenigen, die gerne ein wenig mehr Flair der Upper West Side erleben möchten.

SEHR PREISGÜNSTIGE UNTERKUNFT IM YMCA

www.ymcanyc.org/locations/west-side-ymca/guest-rooms

Die Lage an der 5 West 63rd Street ist perfekt. Die Zimmer sind sauber, aber natürlich ohne jeden Luxus oder Extrakomfort. Besonders günstig ist es, wenn man das Bad mit anderen teilt. Es gibt aber auch Zimmer mit eigenem Bad, die immer noch deutlich weniger kosten als die üblichen Hotelzimmer in New York.

BAGELS VON BARNEY GREENGRASS

www.barneygreengrass.com

Bekanntlich kann über New York ja nur mitreden, wer mindestens einen Bagel gegessen hat. Das ursprünglich jüdische Gebäck, aus dem Osten Europas mitgebracht, gehört inzwischen zur Stadt. Und Barney Greengrass ist einer der Orte, wo man verstehen lernt, warum die New Yorker so stolz auf diese Tradition sind. Seit 1908 existiert dieses Geschäft an der Amsterdam Avenue 541. Am besten, wie es die Tradition will, gleich zum Frühstück einen Lox Bagel bestellen. Lox ist Lachs, der mit Salz präpariert wurde, aber nicht geräuchert ist.

ESSEN, TRINKEN, SCHLAFEN

THE MILLING ROOM

www.themillingroom.com

Dieses gediegene Restaurant an der Columbus Avenue 446 hat dank seiner Deckenfenster eine ganz besondere Atmosphäre. An verregneten Tagen oder in der kälteren Jahreszeit ist es ist der ideale Ort, um die kulinarischen Qualitäten New Yorks kennenzulernen – und das nicht nur abends. The Milling Room bietet auch ein wunderbares Brunch-Menü an.

THE EMPIRE HOTEL

www.empirehotelnyc.com

Direkt neben dem Lincoln Center liegt das Empire Hotel. Wer früh genug bucht, bekommt häufig sehr gute Angebote. Es ist ein komfortables Hotel in einer relativ ruhigen Umgebung, mit einer netten Dachterrasse im Sommer. Subway-Anschluss und Central Park liegen direkt um die Ecke und Midtown in Fußnähe.

DAILY PROVISIONS CAFÉ

www.dailyprovisionsnyc.com

Um nach dem Besuch des Museums of Natural History eine Pause einzulegen, einen Kaffee zu trinken und etwas zu essen, bietet sich dieses Café an der Amsterdam Avenue 375 an. Es ist vor allem bekannt für seine guten Donuts, hat aber auch eine gute Auswahl an herzhaften Snacks.

VIN SUR VINGT

www.vsvwinebars.com/location-uws

Diese Bar an der 66 West 84th Street ist für Weinliebhaber ein Paradies. Hier wird neben einer riesigen Auswahl an Weinen eine französisch angehauchte Küche geboten. Es werden keine Reservierungen angenommen.

HARLEM

Harlem erlebt eine neue Ära und entwickelt sich derzeit gerade im Eiltempo, insbesondere Central Harlem, das direkt nördlich des Central Parks beginnt. Dort hat sich der Frederick Douglas Boulevard zur pulsierenden Restaurant- und Barstraße gemausert. Harlem gilt inzwischen wieder als Zentrum der afroamerikanischen Kultur zwischen Hip-Hop, Rap, Kunst und einer reichen Geschichte. Bekannt ist es natürlich auch für seine vielen Kirchen und Gospelchöre. Es werden Gospeltouren angeboten oder man besucht auf eigene Faust eine Kirche.

Harlem als Ganzes ist groß, divers und erstreckt sich vom East River bis zum Hudson River, vom spanisch dominierten East Harlem bis zur Columbia Universität in Morningside Heights. Bei einem kurzen New York Besuch kann es sicher nur punktuell besichtigt werden. Es lohnt sich aber absolut, einen Abstecher in dieses kulturell vielfältige Stadtviertel zu planen.

STRIVERS' ROW

An der 138th und 139th Street zwischen dem Frederick Douglas Boulevard und dem Adam Clayton Powell Jr. Boulevard befinden sich die bekanntesten Brownstone-Häuser von Harlem. Aber es sind nicht die einzigen. Wer die Augen offen hält und während eines Spaziergangs durch Central Harlem auch die Seitenstraßen nicht außer Acht lässt, wird einige dieser typischen New York Häuser finden können.

125TH STREET

Die Einkaufsmeile im Herzen Harlems ist die 125th Street, die allerdings nicht mit der 5th Avenue verglichen werden kann und etwas unaufgeräumt wirkt. Trotzdem hat sie vieles an Shopping zu bieten: Sowohl Nike, Foot Locker, GAP und andere bekannte Markenläden können hier nach guten Deals durchstöbert werden. Wer gerne Schnäppchen jagt, ist hier richtig. Bei schönem Wetter bieten viele Einheimische Taschen oder Kleidung direkt an Straßenständen an.

APOLLO THEATER

www.apollotheater.org

Im Apollo Theater an der 253 West 125th Street wurden Ella Fitzgerald, Stevie Wonder und Michael Jackson entdeckt. Die „Amateur Night“ an jedem Mittwochabend machte es möglich und kann noch immer der Start einer Karriere sein. Seit 1934 singen, tanzen oder werben Künstler auf die eine oder andere Weise um die Gunst des Publikums. Es ist ein wenig wie bei Deutschland sucht den Superstar – allerdings sind die Zuschauer die Jury.

GOSPEL IN HARLEM

Wer die großen Kirchen wie die Abyssinian Baptist Church am Odell Clark Place 132 ansteuert, wird musikalisch sicher auf seine Rechnung kommen und ist gerne gesehen, weil Besucher auch finanzielle Unterstützung bedeuten. Besucher werden allerdings meistens von der Gemeinde separiert. Das ist nachvollziehbar, denn der Gottesdienst ist kein Theater. Wer also den Gottesdienst wirklich mitfeiern möchte, sollte unbedingt vor dem Beginn des Gottesdienstes da sein und mit der Gemeinde

in die Kirche gehen, den ganzen Vormittag Zeit mitbringen und dann auch für die Predigt bleiben. Kleine Kirchen sind immer sehr einladend und heißen alle neuen Gesichter sehr herzlich willkommen. Eine größere Gemeinde, die die Besucher bei frühzeitigem Erscheinen auch in die Gemeinde miteinbezieht, ist die Salem United Methodist Church: **www.salem-harlem.org**

SOUL FOOD

www.sylviasrestaurant.com
Dies sind Gerichte, die der afroamerikanischen Küche der USA zugerechnet werden. Der Begriff wurde zum ersten Mal 1964 verwendet, als viele Aspekte der afroamerikanischen Kultur für den Beitrag zur amerikanischen Lebensart zum ersten Mal zur Sprache kamen. Soul Food hat seinen Ursprung in der Hausmannskost des ländlichen Südens, bei der lokal angebaute oder gesammelte Lebensmittel und andere preiswerte Zutaten verwendet wurden. Die meisten der zubereiteten Gerichte waren allen armen Landbewohnern des Südens gemeinsam, wurden aber von den Afroamerikanern während der großen Migration in den

Norden getragen und wurden so mit der afroamerikanischen Kultur identifiziert. Als *das* Soul Food Restaurant in Harlem gilt Sylvia‘s an der Lenox Avenue 328. Zu empfehlen ist hier die Happy Hour von 12 bis 16 Uhr. Es gibt ein Gericht plus Beilage für 14 $.

AMY RUTH'S

www.amyruths.com

Wer sich gerne nach dem Gospel-Gottesdienst einen Soul Brunch gönnen möchte, findet dafür die besten Bedingungen bei Amy Ruth‘s an der West 116th Street Nr. 133. Die Plätze sind dort nicht umsonst so begehrt.

MORNINGSIDE HEIGHTS

Morningside Heights liegt erhöht im Osten Harlems am Hudson River. Manche zählen es eher zur Upper West Side – vielleicht weil es als Standort der Columbia University und zwei der größten weiß dominierten Kirchen eher das Upper West Side Lebensgefühl widerspiegelt. Wie dem auch sei, es bietet sich jedenfalls an, diese Neighborhood bei einem Ausflug nach Harlem miteinzuplanen.

COLUMBIA UNIVERSITÄT

Die Columbia Universität hat ihren Ursprung 1754 im von England gegründeten Kings College. Sie liegt im aktuellen Ranking der USA auf Platz 12. Über das Besucherzentrum kann man sich zu einer gefuhrten historischen Tour anmelden: **www.visit.columbia.edu/content/historical-tour-registration**

RIVERSIDE CHURCH

www.www.trcnyc.org

Die Riverside Church liegt direkt im Nordosten der Columbia Universität am Riverside Drive 490. Sie wurde vom Geschäftsmann und Baptisten John D. Rockefeller Jr. in Zusammenarbeit mit dem baptistischen Pfarrer Harry Emerson Fosdick als große, überkonfessionelle Kirche konzipiert.

ST. JOHN THE DEVINE KATHEDRALE

Die Kathedrale ist ein unvollendetes Bauwerk. Grund dafür sind mehrere größere stilistische Änderungen, Unterbrechungen der Arbeiten und der instabile Boden des Grundstücks. Nachdem ein Großbrand im Jahr 2001 einen Teil der Kathedrale beschädigt hatte, wurde sie renoviert und

2008 neu eingeweiht. Die Türme über der Westfassade sowie das südliche Querschiff und ein weiterer Turm sind noch nicht fertiggestellt. Trotz ihrer Unvollständigkeit ist St. John the Divine flächenmäßig die sechstgrößte Kirche der Welt und die zweitgrößte anglikanische Kathedrale. Bekannt ist sie bei New Yorkern für die jährliche Tiersegnung und unterschiedliche Veranstaltungen in Kunst und Musik.

THE HUNGARIAN PASTRY SHOP

Für eine Stärkung zwischendurch bietet sich dieses alteingesessene Café mit traditionellem Gebäck aus Ungarn an der Amsterdam Ave Nr. 1030 an.

MARLOW BISTRO

www.marlowbistro.com

Das Marlow Bistro ist gemütlich, mit Gartensitzplätzen im Sommer und gehobenem Standard. Man isst dort ausgezeichnet und wer ein gutes Restaurant für einen besonderen New York Abend sucht, ist hier definitiv richtig.

UPTOWN NIGHT MARKET

www.maschospitalitygroup.com/uptownnightmarket

An der Ecke West 133 & 12th Avenue findet von April bis Oktober jeden zweiten Donnerstag im Monat ein Food- und Musikfest unter dem Harlem Viadukt statt (16–22 Uhr). Es ist ein absolut einmaliges Erlebnis und wer die Chance hat, sollte diesen Markt unbedingt einplanen.

GOSPELTOUR UND ANDERE TOUREN

www.harlemheritage.com/harlem-gospel-tours

Es werden viele Gospeltouren in Harlem angeboten. Eine Tour, die von Einheimischen angeboten wird und viel an Geschichte und Hintergrundwissen mitliefert, ist die Tour von Harlem Heritage. Auch Touren des Anbieters zu anderen Harlem Themen sind wärmstens zu empfehlen. Sie gehen einfach nochmal mehr in die Tiefe als Führungen, die über die Sightseeingpässe angeboten werden.

JAZZ IN HARLEM

Harlem gilt als der Ort in den USA, in welchem der Jazz groß wurde. Legendär waren zum Beispiel der Cotton Club oder The Savoy Ballroom. Den Cotton Club gibt es als Revival zwar noch, aber heute überzeugen die kleinen Keller, die ein ganz persönliches Jazzerlebnis ermöglichen, wie zum Beispiel Room 623 (**www.room623.com**) oder Bill's Place (**www.billsplaceharlem.com**).

CAFÉ BAR ALKE

Am Adam Clayton Powell Jr. Blvd Nummer 1838 ist diese kleine Bar zu finden, die dazu einlädt, sich zwischen einem Spaziergang im Central Park und der Erkundung Harlems auszuruhen. Der Kaffee schmeckt wirklich gut und kleine Happen zur Stärkung werden auch geboten. Unbedingte Empfehlung!

ESSEN, TRINKEN, SCHLAFEN

THE VICTORIA

www.victoriatheaternyc.com

Hier kann man Essen, Trinken und Schlafen in einem. Die neue High Class Event- und Hotel-Location

an der 125th Street liegt direkt neben dem Apollo Theater. Die Rooftop-Bar hat beste Aussicht und das Restaurant bietet sowohl Frühstück als auch Abendessen an. Ebenso beherbergt The Victoria das neu eröffnete Renaissance New York Harlem Hotel.

CAFÉ 787 – HARLEM

Direkt neben dem Jazz Museum an der West 129th Street Nr. 60 ist das vierzehnte Café dieser Kette zu finden. Wie überall bietet es Raum, nicht nur Kaffee zu genießen, sondern es sich mit seinem Laptop gemütlich zu machen.

RED ROOSTER

www.redroosterharlem.com

Dass das Red Rooster ein Geheimtipp ist, kann inzwischen nicht mehr mit gutem Gewissen behauptet werden. Allerdings wird es hier genannt, weil die Atmosphäre und die Qualität unter der manchmal großen Besucherzahl noch nicht gelitten haben. Am Sonntag wird ab 12 Uhr mittags live Jazz gespielt. Es gibt eine Bar (first-come, first-served) und einen Restaurantteil, für den Reservierungen angenommen werden.

DUMBO UND BROOKLYN HEIGHTS

In Brooklyn haben sich bereits zur Zeit, als New York noch New Amsterdam hieß, die ersten Farmer niedergelassen. Damit sie ihre Ware verkaufen konnten, mussten Sie mit Booten und Schiffen nach Manhattan übersetzten. 1814 hat Robert Fulton mit seiner Dampffähre und regelmäßigen Fahrplänen die erste Siedlung für Pendler ermöglicht: Brooklyn Heights. Auf diesen Hügel gegenüber von Downtown Manhattan hat es nicht nur den Mittelstand, sondern auch reiche New Yorker hingezogen. Sehr viele dieser Häuser, zumeist Brownstone, stehen heute noch. Sie sind inzwischen denkmalgeschützt und geben dem Stadtviertel einen ganz eigenen, ruhigen und fast dörflichen Charakter. Das Zentrum mit einigen Läden und Restaurants ist die Montague Street.

Direkt am Fuße von Brooklyn Heights, dort, wo auch heute noch die Fähre anlegt, erstreckt sich nach Nordosten das neu benannte Stadtviertel DUMBO (Down Under the Manhattan Bridge Overpass). Dieser Name wurde von den Maklern kreiert und weiterverbreitet, die ihre Lofts in den umgebauten Lager- und Fabrikhallen besser verkaufen wollten. Im Gegensatz zu Brooklyn Heights war DUMBO seit Mitte des 19. Jahrhunderts hauptsächlich ein Industriequartier. Als die Preise anstiegen, ist die Industrie weitergezogen und es entstand in den letzten Jahren ein hippes Wohnviertel, das auch von Touristen viel beachtet ist. Das liegt sicher auch daran, dass DUMBO von Manhattan aus direkt über die Brooklyn Bridge erreicht werden kann.

BROOKLYN BRIDGE

Einstieg auf die Brooklyn Bridge ist auf der Manhattan-Seite bei der City Hall (Subway 4,5,6). Die Brooklyn Bridge wurde 1883 eröffnet und erleichterte den Weg über den East River nochmals enorm. Heute gilt die Brooklyn Bridge als eines der Wahrzeichen New Yorks. Und hier stimme ich tatsächlich ausnahmsweise in den allgemeinen „Highlight" und „Must See" Chor mit ein: Über diese Brücke musst du gehen! Klar, wer schlecht zu Fuß ist, kann auch mit der Fähre unten durchfahren – aber der

Blick beim Gehen über die Brücke ist schon etwas ganz Besonderes. Und Achtung: Auf- und Abstieg auf der Brooklyn Seite ist schon beim Brückenpfeiler über eine Treppe möglich. Am wenigsten verpasst man diese, wenn man sich auf der Brücke von Manhattan kommend links hält, wenn der East River überquert ist. Man kommt dann direkt auf die Washington Street, die zum Punkt für das berühmte Foto von der Manhattan Bridge führt.

MANHATTAN BRIDGE FOTO SPOT

Auf der Kreuzung Washington Street und Water Street kann man dieses perfekte Foto von der Manhattan Bridge machen, wo das Empire State Building genau zwischen den Pfeilern steht.

TIMEOUT MARKET

www.timeoutmarket.com/newyork

Entsprechend dem Chelsea Market sind im TimeOut Market an der Water Street 55 viele unterschiedliche Restaurants und Take-aways in einer ausgebauten ehemaligen Fabrik untergebracht. Im Unterschied zum

Chelsea Market kann man sich hier auch draußen auf zwei Terrassen gemütlich niederlassen. Eine oben mit Rooftop-Bar und Food Court und eine unten auf der East River Seite – beide mit Blick auf die Brooklyn Bridge.

BROOKLYN BRIDGE PARK

www.brooklynbridgepark.org

Seit 2020 ist er fertiggestellt. Von hier gibt es nicht nur eine wunderschöne Sicht auf Downtown Manhattan, sondern es wird ganz viel geboten. Vor allem im Sommer hat man eine riesige Auswahl an Aktivitäten. Angefangen über Filme im Freien bis zum Kajak-Verleih. Oder man legt einfach einen Zwischenstopp hier ein, um eine kleine Pause von der Großstadt mit Blick auf die Großstadt genießen zu können.

SQUIBB PARK BRIDGE

Damit ist der innovative Fußgängerweg gemeint, der vom Brooklyn Bridge Park zur Brooklyn Heights Promenade führt. Den Sonnenuntergang von der Brooklyn Heights Promenade mit Blick auf die Südspitze Manhattans sollte man sich auf keinen Fall entgehen lassen.

GALERIEN-ABEND IN DUMBO

www.artindumbo.com/first-thursdays

Jeden ersten Donnerstag im Monat von 18 bis 20 Uhr sind die Galerien in DUMBO geöffnet. Wer sich für Kunst interessiert, kann sich gratis in guter Atmosphäre auf individuelle Ausstellungen einlassen. Auf der Webseite findet man die Termine und offenen Galerien auf dem Stadtplan.

BROOKLYN FLEA

www.brooklynflea.com

Von April bis Oktober findet der Brooklyn Flohmarkt in DUMBO unter dem Pfeiler der Manhattan Bridge, Pearl Street 80, statt.

KATZEN STREICHELN IM CAT CAFÉ

www.catcafebk.com

In dieses Café geht man nicht, um sich mit Kaffee und Kuchen zu stärken, sondern vor allem, um Katzen zu streicheln. Natürlich nicht gratis. An der Montague Street 76 hat ein wohltätiger Verein ein Lokal eröffnet, um heimatlose Katzen aufzunehmen und sie in ein neues Zuhause weiterzuvermitteln. Er finanziert sich durch Spenden, den

Eintrittsgeldern für ihre Veranstaltungen oder 30-minütige Streichelsessions.

SUSHI – LUNCH SPECIAL

www.saketuminyc.com

An der Montague Street 118 gibt es ein kleines Sushi-Restaurant mit Garten im Hinterhof. Das Sushi wird frisch zubereitet und Mittag essen kann man bis 15:30 Uhr für 11 $ mit einer Misosuppe als Vorspeise und kleinem Nachtisch.

ROOFTOP-BAR HARRIET'S

Diese Rooftop-Bar mit Pool und dem schönsten Blick auf die Brooklyn Bridge und Downtown Manhattan befindet sich im 1 Hotel Brooklyn Bridge. Und Harriet‘s öffnet bereits um 11 Uhr, das ist eine absolute Ausnahme.

ESSEN, TRINKEN, SCHLAFEN

1HOTEL BROOKLYN BRIDGE

www.1hotels.com/brooklyn-bridge

Nicht ganz billig, aber wunderschön und direkt bei der Brooklyn Bridge. Abends kann man den Tag in der hauseigenen Rooftop-Bar, einer der schönsten von New York, oder im Pool auf dem Dach ausklingen lassen.

INGAS BAR

www.instagram.com/ingasbarnyc

Diese Bar an der Hicks Street 66 fungiert auch als Restaurant. Ein gemütliches Ambiente und gutes Essen, natürlich auch der obligatorische Bar Cheeseburger, sind hier garantiert.

CLARK'S – BURGER & CO

www.clarksdiner.com

Hier hat man die Chance, in einem richtig netten Diner in Brooklyn Heights von Burgern über Omeletts bis hin zu Salaten die üblichen Gerichte zu bestellen. Dabei könnte man geteilter Meinung darüber sein, ob nett und Diner sich nicht ausschließen sollten. Vielleicht nennen sie sich deshalb selbst „Restaurant".

JOE COFFEE COMPANY

An der Hicks Street 102 ist eines der vielen Joe Coffee Company Spots von New York. Für eine kleine Pause genau das Richtige.

WILLIAMSBURG UND BUSHWICK

Ganz ursprünglich gehörte Williamsburg zum Ort Bushwick, der direkt neben der Stadt Beukelen (Brooklyn) lag. 1854 wurden die beiden Ortschaften in Brooklyn eingemeindet und sie haben sich ganz unterschiedlich entwickelt. Es ist zu empfehlen, diese so ungleichen Stadtviertel in einen einzigen Ausflug einzuplanen, denn beide liegen an der L-Subway und lohnen sich wirklich. Nicht nur tagsüber, auch das Nachtleben boomt hier. Und wer Vintage- und Secondhand Shopping liebt, für den ist ein Abstecher in die beiden Stadtteile ein absolutes Muss.

Williamsburg liegt direkt am East River. Erreichbar ist es nicht nur mit dem L-Train (Bedford Av), sondern auch mit der NYC-Ferry. War es früher von der Industrie dominiert, ist es heute nördlich der Williamsburg Bridge ein hippes Viertel mit vielen kleinen Shops, Cafés, Restaurants und teuren Wohnungen. Im Süden der Brücke beginnt direkt ein jüdisch-orthodoxes Wohnviertel, das sich für einen Besuch durchaus auch anbietet. Man taucht dabei in eine ganz andere Welt ein.

WILLIAMSBURG

DOMINO-PARK

Im nördlichen Teil von Williamsburg bietet sich das Ufer mit dem neu eröffneten Domino-Park zum Entspannen an. Die renovierte Domino-Sugar-Fabrik, in der nun Bürofläche vermietet wird, gibt diesem Eck einen ganz eigenen Charakter. Gerade wer mit kleineren Kindern unterwegs ist, findet hier Wasserspiele und einen wirklich schönen Spielplatz.

SMORGASBURG FOOD-MARKET

www.smorgasburg.com

Direkt ums Eck bei der Anlegestelle der Fähre findet dieser Essensmarkt jedem Samstag von April bis Oktober statt. Hier gibt es alles – mit oder ohne Gluten, mit oder ohne Fleisch, die Auswahl ist riesig. Bei schönem Wetter macht man es sich vor Ort an einem der Holztische gemütlich und genießt den Blick auf Manhattan.

BEDFORD AVENUE UND WEITER INS JÜDISCH-ORTHODOXE VIERTEL

Die Bedford Avenue war die erste Straße in Williamsburg, an der schicke Läden und ausgefallene Restaurants eröffnet haben. Es ist ein ganz anderes Flanieren als in Midtown, weil alles etwas kleiner und leiser ist. Um eine Strecke abzustecken, empfehle ich von der Bedford Street 135 (Kobra Graffiti, das Warhol und Basquiat zeigt) bis unter der Williamsburg Bridge bis zum George B. Post Plaza durchzugehen. Dort kann man die „Venus von Williamsburg" bestaunen. Wer hier weitergeht und die Lee Avenue ansteuert, bekommt sicher etwas vom jüdisch-orthodoxen Alltag zu sehen. Danach am besten von dort die NYC-Ferry Haltestelle in South Williamsburg anpeilen, um entweder nach DUMBO oder zur Wall Street weiterzufahren.

BROOKLYN BREWERY

www.brooklynbrewery.com

Nach dem großen Brauereisterben in Brooklyn haben inzwischen wieder viele kleine Unternehmen eröffnet, die ihr lokales, besonderes Bier brauen. Die bekannteste dieser Brauereien ist die Brooklyn Brewery an der North 11th Street Nr. 79. Es gibt hier sogar Biertouren durch die Brauerei, Bierproben natürlich und immer wieder ein Event. Einfach auf der Homepage schauen.

AXTWERFEN BEI HATCHETS AND HOPS

www.hatchetsandhops.com/locations/williamsburg

Es gibt nichts, das New York nicht hat. Diese Bar an der North 11th Street Nummer 98 bietet die Möglichkeit, sich auf neuartige Weise auszuprobieren. Axtwerfen ist hierzulande ein Sport. Zieht euer kariertes Hemd an und los geht‘s.

SCHIMANSKI-NIGHT-CLUB

www.schimanskinyc.com

Der Nachtclub ist tatsächlich nach dem Schimanski benannt, den wir auch kennen. Warum das so ist? Alle spekulieren, niemand weiß es. Was aber jeder inzwischen weiß, hier lassen sich gut die Nächte durchtanzen. Geöffnet hat der Club Freitag und Samstag ab 22 Uhr – gut, dass die Subway die ganze Nacht durchfährt.

BRUNCH BEI SUNDAY IN BROOKLYN

www.sundayinbrooklyn.com

Einer der top Spots für Brunch in New York. Wer kein Frühstück im Hotel hat: Dies ist der „Place-To-Go“. Das Restaurant ist hell, freundlich und lädt zum Bleiben ein. Am besten einen Vormittag unter der Woche einplanen, denn am Wochenende ist es sehr voll. Die Preise sind hoch und wer aus dem Vollen schöpfen will, kauft sich dann vielleicht für abends ein Picknick. Es lohnt sich auf jeden Fall!

OTB BAR

www.otbbk.com

Klein, fein, gediegen und zum Wohlfühlen ist die OTB-Bar am 141 Broadway in Brooklyn – draußen wie drinnen. Das ist einer der Orte in Williamsburg, die abends für einen oder mehrere Drinks aufgesucht werden können. Auch das Essen ist sehr empfehlenswert. Wer gerne Austern mag, sollte hier unbedingt zuschlagen – es gibt eine Oyster Happy Hour.

VINTAGE- UND SECONDHANDSHOPS

Williamsburg und Bushwick sind ein Paradies für Secondhandliebhaber. Hier sind einige der empfehlenswerten Shops aufgeführt, aber es gibt natürlich mehr!

- Monk Vintage, 500 Driggs Ave
- Wonders of Walter, 135 Berry Street
- Vintage, 231 Grand Street Regeneration, 66 N 7th Street.

SPUYTEN DUYVIL UND GOLDEN YEARS – Bierbars mit Garten

www.spuytenduyvilbar.com und www.goldenyearsbk.com

Diese beiden Bars, die direkt nebeneinander liegen, obwohl mit unterschiedlichen Adressen (359 Metropolitan Ave und 221 North 4th Street, Brooklyn) haben alles, was eine Bierbar braucht. Gemütlich bis lässig eingerichtet, die Besucher tragen Birkenstock statt Stöckelschuhe oder Krawatte und es gibt große und kleine Biere – und beiden haben einen perfekten Hinterhofbiergarten!

CAFÉ MOGADOR

www.cafemogador.com

Der Name sagt es bereits – an der Wythe Street 133 kommt Fladenbrot, Hummus und marokkanische Küche auf den Tisch. Wobei zum Brunch durchaus auch Pancake und French Toast angeboten werden. Die Atmosphäre ist stimmig und man fühlt sich ein wenig in den Orient versetzt.

INSIDER-TIPP BUSHWICK

Der Stadtteil Bushwick ist als Ganzes ein Insider-Tipp. Vor 20 Jahren hat sich kein Fremder in diese Gegend verirrt. Heute ist das zwar anders. Allerdings kommen die meisten Besucher hierher, weil sie sich die außergewöhnlichen Graffitis anschauen möchten. Diese sind auf jeden Fall einen Besuch wert, aber es lohnt sich genauso, hier ein wenig mehr Zeit zu verbringen. Um von Williamsburg nach Bushwick zu gelangen, steigt man einfach wieder in den L-Train ein und fährt am besten bis zur Jefferson Street. Dort ist man bereits im Zentrum des Geschehens. Bushwick wird immer noch dominiert von Fabrikhallen und Warenhäusern. Aber zwischen diesen tauchen immer mehr kleine Lokale und Shops auf. Die Bewohner sind jung, vielfach aus Mittel- und Südamerika oder direkt aus New York, weil dies eines der angesagten und noch bezahlbaren Viertel ist. Bushwick hat inzwischen eine tolle Barszene, die mehr an das Berlin der 1990er Jahre erinnert und nicht mit den gestylten Lokalen in Manhattan verglichen werden kann. Darüber hinaus haben die ersten Cafés für Freelancer sowie Weinlokale Fuß gefasst.

♥ BUSHWICK COLLECTIVE – GRAFFITIKUNST

Bushwick ist vor allem bekannt für seine Graffitikunst, welche die Hauswände und Einfahrten dominiert. Dies ist der „Bushwick Collective“ zu verdanken, die 2012 von Joseph Ficalora ins Leben gerufen wurde. Er startete ein Projekt, bei welchem er die lokalen Industrie- und Hausbesitzer überzeugte, ihre Wände und Garagentore für international bekannte Graffitikünstler zur Verfügung zu stellen. Diese Street-Art ist nicht dauerhaft und bleibt durchschnittlich 12 Monate unübermalt. Es gibt aber auch Werke, die fünf Jahre lang überleben. Jedes Jahr findet das Bushwick Collective

Festival statt, zu dem Künstler eingeladen werden, um neue Werke zu gestalten. Hier eine öffentlich verfügbare Google-Karte der Kunstwände.

GRAFFITI-TOUREN UND WORKSHOPS

Unten der Link zu zwei empfehlenswerten Anbietern von Graffiti-Touren. Beide bieten die Führung auf Englisch an. Graff Tours sind authentischer, weil die Guides aus der Szene kommen und sich auskennen. Wer sich selbst in Graffiti versuchen möchte, für den bieten Graff Tours auch Workshops an – für Erwachsene und Kinder. **www.grafftours.com; www.freetoursbyfoot.com/new-york-tours**

CAFÉ NOOK

Ein sehr gemütliches, hippes Café. Wer hier einen Platz ergattern möchte, muss früh aufstehen, denn häufig sind die Tische und Sofas mit am Laptop arbeitenden Work- und Kaffeeholics besetzt.

THE TEN BELLS BUSHWICK

www.tenbellsbk.com

Diese Weinbar an der Irving Avenue 65 zeigt deutlich, dass in Bushwick die Gentrifizierung Einzug hält. Die Geschäfte und Restaurants werden nobler, die Wohnungen teurer und die Bewohner reicher. Aber auch wer es eher einfach mag, für den ist diese Bar mit ihrem Garten und einem charmanten Restaurant einen Besuch wert. Besonders zur Happy Hour: Ein Glas Wein für 7 $ bekommt man in Manhattan selten – und es gibt Tapas dazu.

L-TRAIN VINTAGE & CO – SECONDHAND SHOPS

www.ltrainvintagenyc.com

Dieser Thrift Shop an der Dekalb Avenue 1377 ist einer der flächenmäßig größten in New York. Wer sich aber ein wenig Zeit nimmt, in Bushwick die Straßen abzulaufen, findet noch etliche weitere Secondhand Shops wie Racoon Thrift, LePointValue u. v. m. – einfach bei Google Maps nach „Thrift Shop" suchen.

ESSEN, TRINKEN, SCHLAFEN

PETER LUGER STEAK-HOUSE

www.peterluger.com

Peter Lugers Steakhouse, auf der Grenze zwischen North und South Williamsburg am Broadway 178, ist fast 140 Jahre alt. Hier legt man Wert auf Tradition und Qualität. Es hat inzwischen sogar einen Michelin Stern ergattert. Wer in New York also eines der Top-Steakhäuser besuchen möchte, ist hier richtig.

WYTHE HOTEL MIT ROOFTOP-BAR IN WILLIAMSBURG

www.wythehotel.com

Das Wythe Hotel gehört eindeutig zur gehobenen Klasse. Mit Blick über den East River, der exklusiven Ausstattung und der ruhigen Lage hat es auch einiges zu bieten. Ach ja – und eine der besten Rooftop-Bars der Stadt ist die Bar Blondeau, die ebenfalls zum Wythe Hotel gehört. Sie ist einen Besuch wert, egal wo man in der Stadt wohnt.

BLACK STAR BAKERY & CAFÉ

www.blackstarbakery.com

An der Driggs Street 548, direkt neben der Haltestelle des L-Trains (Bedford Ave), befindet sich dieses nette Café. Wer vor der Entdeckung Williamsburgs eine Stärkung oder eine Toilette sucht, hat hier die perfekte Anlaufstelle.

TEDDY'S BAR & GRILL

www.teddys.nyc

Diese Bar und zugleich Restaurant an der Berry Street 96, mit langer Bar und Sitzplätzen im Freien, ist meine neueste Entdeckung in Williamsburg. Sie kann auf eine lange Tradition zurückblicken und wirbt als älteste Bar, die in Brooklyn ohne Unterbrechung existiert. Sie ist durchaus urig, aber gleichzeitig gemütlich und stilvoll. Neben einer riesigen Auswahl an Bier gibt es zum Beispiel Nachos mit reichlich Dip und unterschiedlichen Toppings. Eine Portion reicht für zwei. Auf der Karte steht natürlich auch eine gute Auswahl an Burgern sowie Muscheln und Filet Mignon. Achtung: Teddy's öffnet unter der Woche erst um 16 Uhr.

PPS & INFOS

ANKOMMEN IN NEW YORK

UBER

Wer aus Europa in New York ankommt, wählt in der Regel das Flugzeug. Aber ganz egal wo man ankommt, am einfachsten ist es, sich am Ankunftsort von einem Uber abholen zu lassen. Dieses bestellt man ganz einfach per App übers Smartphone, wenn man mit dem Gepäck bereitsteht. Uber ist international verwendbar und kann schon zu Hause heruntergeladen und mit der Kreditkarte verbunden werden. Kostenpunkt je nach Auto von JFK nach Midtown zwischen 70 $ und 100 $ (ohne Trinkgeld) und von Newark nach Manhattan etwas günstiger.

GELBES TAXI MIT FLATRATE

Man kann sich auch für ein offizielles Taxi anstellen. Immer nach dem offiziellen Pick Up Punkt Ausschau halten oder ihn beim Bodenpersonal erfragen und sich nie von jemandem mitnehmen lassen, der unaufgefordert ein Taxi anbietet! Die Wartezeit ist normalerweise sehr kurz, und es gibt eine Flatrate.

- JFK - Manhattan: 70 $ / zu Stoßzeiten 75 $ (ohne Trinkgeld). In die anderen Stadtteile weicht die Flatrate ein wenig ab.
- Newark - Manhattan Midtown: 55 $ / zu Stoßzeiten 60 $ (ohne Trinkgeld).

ÖFFENTLICH VON JFK NACH MANHATTAN

- Air Train und Subway: Um vom JFK-Flughafen nach Manhattan zu gelangen, muss zuerst der Air Train genommen werden. Dieser Zug verbindet die acht Terminals von JFK und bietet Verbindungen zur Jamaica Station, wo Linien wie E, J, Z fahren. Alternativ führt der Air Train zur Howard Beach Station, wo in die A-Subway umgestiegen werden kann. Die Bezahlung erfolgt erst beim Aussteigen (8,25 $) am Automaten. Verschiedene Ticketoptionen

stehen zur Auswahl, darunter Einzeltickets, ein 10-Trip-Ticket für bis zu vier Personen und die reguläre Metro Card für Subway und Air Train.

- Air Train und Long Island Rail Road (LIRR): Die LIRR bietet eine schnellere Option, um von der Jamaica Station nach Midtown zu gelangen. Sie hält an der Penn Station und am Grand Central Terminal.
- Mit dem Bus: Der JFK Express Bus fährt alle 30 min von Terminal 1, 4 und 8 zum Grand Central Terminal, Times Square und Port Authority. Die Tickets (19 $) können vor Ort gekauft werden.

ÖFFENTLICH VOM FLUGHAFEN NEWARK (EWR) NACH MANHATTAN

- Air Train und NJ-Transit: Mit dem Air Train gelangt man in etwa 40 Minuten zur New York Penn Station, mit Umstieg an der Newark Liberty International Airport Station. Die Tickets kosten 15,50 $ für Personen ab 12 Jahren und sollten vor der Fahrt am NJ Transit-Automaten gekauft werden. Achtung: Ziel ist die New York Penn Station, nicht die Newark Penn Station.
- Expressbus: Der von CoachUSA betriebene Bus bietet Verbindungen nach Midtown Manhattan. Die Busse fahren von jedem Terminal ab und die Haltestellen sind als „Express Bus to NYC“ gekennzeichnet.

BEWEGE ICH MICH AM BESTEN
W YORK

ZU FUSS

New York lässt sich trotz seiner Größe am besten zu Fuß erkunden. Sicher muss man manchmal in die Subway steigen oder ein Taxi nehmen, um unnötige Strecken zu vermeiden oder Zeit zu sparen, aber nur zu Fuß bekommt man ein echtes Gefühl für die Stadt. Ich kenne keine andere Stadt, die sich von einer Straße zur nächsten so komplett wandelt, dass man aus dem Staunen kaum herauskommt. Auch entdeckt man all die netten und versteckten Ecken, Restaurants, Cafés oder besonderen Läden nur zu Fuß. Wer nicht gut zu Fuß ist, muss natürlich ausweichen, z. B. auf einen Panoramabus.

SUBWAY / BUS

Wer schnell von A nach B will, nimmt die Subway. Der MTA-Bus ist generell zu langsam und hier vor allem erwähnt, weil man mit dem Subway-Ticket und dem gleichen kontaktlosen Bezahlsystem auch Bus fahren kann. Manchmal lohnt sich ein Bus in Manhattan, um von Westen nach Osten oder umgekehrt zu kommen. Mit der Subway kommt man normalerweise auch viel schneller voran als mit jedem Auto oder Taxi. Am besten man lädt sich schon im Vorfeld den MTA Subway-Plan herunter.

Diesen gibt es auch als Offline-App. Auf Google Maps werden die Subwaystationen mit kleinen blauen Kreisen mit „MTA“ angezeigt. Wenn man diese größer zoomt, dann erscheint daneben jeweils die dazugehörige Subway-Linie in Farbe und Zahl oder Nummer. Es gibt Express-Züge, die nicht überall halten und Local-Züge, die an jeder Station halten. Auf dem Subway-Plan sind die Express-Stationen die weißen Punkte. Dort hält jeder Zug der entsprechenden Linie. Bei den schwarzen Punkten halten nicht alle. Es steht neben jedem Punkt angeschrieben, welche Züge halten.

TICKET UND BEZAHLMETHODE FÜR DIE SUBWAY

Die Metrokarte für die Subway braucht man rein theoretisch nicht mehr und wird es ab Ende 2024 auch nicht mehr geben. Wenn man mit seinem kontaktlosen Zahlungsmittel (Handy, Kreditkarte) am Scanner bezahlt, dann rechnet das System nach der 12. Fahrt innerhalb von 7 Tagen keine weitere Fahrt mehr an. Es kostet also gleich viel wie eine Wochenkarte. Es gibt im Moment noch die Möglichkeit, sich eine 7-Tageskarte an einem der Automaten zu kaufen, die bei jeder Subwaystation stehen. Dort zahlt man 34 $ + 1 $ für die Karte selbst und aktiviert die Karte mit der ersten Fahrt.

TAXI

Wer Taxi fährt, sollte darauf achten, nur in ein offizielles gelbes Taxi zu steigen. Diese funktionieren wie eh und je. Man hält die Hand hoch und versucht, ein freies Taxi zu finden. Der Startpreis ist 3 $ und der Fahrpreis 70 Cent für 1/5 Meile oder pro Minute, je nach Geschwindigkeit. Man kann im Taxi mit Kreditkarte bezahlen. Trinkgeld nicht vergessen – 15 bis 20 % werden erwartet.

UBER

Uber ist angenehmer, weil man direkt sieht, wie lange man warten muss, wo das Auto ist und wie viel man bezahlt (Trinkgeld kommt zusätzlich dazu). Allerdings ist Uber tendenziell teurer.

CITIBIKE

www.citibikenyc.com

Man kann in New York tatsächlich gut Fahrrad fahren. Es gibt viele Fahrradwege – und es gibt Citibike. Das sind Fahrräder an Fahrradstationen, die quasi an jeder Straßenecke stehen. Man holt sich ein Fahrrad und gibt es unkompliziert beim Zielpunkt der Fahrt wieder ab. Per App werden die Fahrradandockstationen gezeigt. Tagespässe kann man sich online kaufen. Bezahlt wird per Kreditkarte.

MEIN ABSOLUTER FAVORIT: DIE NYC FERRY

www.ferry.nyc

Mit der NYC-Fähre ist durchaus auch der Weg das Ziel. Die Fähre hält entlang des East River an mehreren Haltestellen sowohl in Manhattan, Brooklyn und Queens. Man kommt mit ihr nach Governors Island, zum Rockaway Beach oder nach Staten Island und eine Linie bedient auch den Hudson River. Am besten die NYC Ferry App herunterladen. Diese zeigt Fahrtrouten und Fahrpläne in Echtzeit. Wer die Kreditkarte verbindet, kann auch direkt Tickets für die Fähre lösen.

PANORAMABUS

Der Panoramabus (z. B. BigBus) eignet sich nicht als Transportmittelersatz, sondern ist wirklich ein Sightseeing-Bus. Man hat im Gegensatz zu den normalen Bussen eine gute Aussicht und kann einiges vom New York Flair auch unterwegs mitnehmen. Es gibt einen deutschen Audioguide und man bekommt so ein paar Informationen zur Stadtgeschichte und den unterschiedlichen Vierteln. Ohne hinlaufen zu müssen, erkundet man die Stadtviertel punktuell. Die Busse sind per App mit ihrem Live-Standort abrufbar. Das ist für die Planung der Weiterfahrt optimal. Schnell vorwärts kommt man allerdings nicht.

NEW YORK MIT DER FAMILIE ERLEBEN

Als Mutter von drei Jungs, die nicht gerade die Museen stürmen, stattdessen lieber legale Graffiti sprühen und vor allem die Sportveranstaltungen im Madison Square Garden verfolgen, weiß ich, wie wichtig es ist, die ganze Familie im Blick zu haben. Die bekanntesten Orte der Konsum- und Unterhaltungsindustrie, die sowieso schon in aller Munde sind, erwähne ich hier nur kurz. Dazu gehören der Lego Store an der 5th Avenue, Schwarz Toy Store am Rockefeller Center, M&Ms am Times Square, das Sloomoo-institute (spielen und kreieren mit farbiger Slime-Masse), das Museum of Ice Cream (das eher ein Erlebnis in unterschiedlich dekorierten Räumen, Farben und Eis-Geschmacksrichtungen ist) oder Madame Tussauds Wachsfigurenkabinett.

TICKET-ROULETTE FÜR BROADWAY MUSICALS

www.broadwayroulette.com

Ein familiäres Broadway Musical-Erlebnis kann teuer sein. Broadwayroulette bietet eine Überraschungsoption an. Für 49-59 $ pro Person kann man bis zu fünf Tickets kaufen. Die Auswahl des Musicals ist nicht möglich, aber fünf unerwünschte Optionen kann man ausschließen.

ESSEN MIT DER FAMILIE

Eine Frage, die wahrscheinlich die meisten Familien betrifft: Wie komme ich in New York essenstechnisch über die Runden, ohne n jeden Tag 300 $ dafür re? „Low Budget Tipps" nstige Restaurants und Snacks finden sich im gleichnamigen Kapitel und unbedingt Wasserflaschen zum Auffüllen mitnehmen. Das New Yorker Leitungswasser ist trinkbar und es gibt viele kostenlose öffentliche Wasserspender.

MIT DEM FAHRRAD DURCH DEN CENTRAL PARK UND DEN HUDSON RIVER ENTLANG

Der GoCity Pass ermöglicht es, nach einer geführten Central Park Tour das Fahrrad zu behalten. Kinderräder sind verfügbar. Fahrradwege führen zur 55th Street und entlang des Hudson River bis Downtown. Pier 25 bietet eine ideale Haltestelle. Die Fahrräder können in der Nähe der City Hall zurückgegeben werden.

DONUT, BAGEL & CO TOUREN

Diese englischsprachigen Touren finden oft in bestimmten Vierteln statt und bieten kulinarische Entdeckungen mit Geschichte. Auch für Kinder sind diese interessant. Links zu den Touren: **www.nycbageltours.com; www.undergrounddonuttour.com**

MIT DEM HIGH SPEED BOAT UM LADY LIBERTY HERUM

www.thebeastnyc.com

Für 28 $ kann man eine aufregende 30-minütige Fahrt um Liberty Island erleben. Die Fahrt ist unterhaltsam, mit Musik und die Aussicht beeindruckend. Diese Option ist im GoCity-Pass enthalten.

MIT GONDEL UND FÄHRE VON MANHATTAN NACH DOWNTOWN

Ein spannender Weg von Midtown nach Brooklyn führt über den East River. Die Route beginnt mit einer Gondelfahrt von der Roosevelt Island Tramway. Von dort weiter

mit der East River Fähre mit einmal Umsteigen nach DUMBO oder direkt zur Wall Street. Fährenfahrplan und -tickets sind über die NYC Ferry App oder am Automaten erhältlich.

PIER 25

Minigolf, Spielplatz, Volleyballfeld, Bänke mit Aussicht auf den Segelhafen und eine Snackbar. Braucht man da noch mehr zu sagen?

CENTRAL PARK ZOO

Es gibt neben dem Bronx Zoo, für den man fast einen Tag einplanen muss, auch den viel kleineren Central Park Zoo, der ohne Aufwand erreichbar ist. Vor allem, wenn man sowieso im Central Park oder auf der Museum Mile oder in der Nähe des Rockefeller Centers ist. Man kann dort den Seelöwen beim Essen zusehen oder im Regenwald spazieren gehen. Beide Zoos sind im Sightseeingpass mit dabei.

CONEY ISLAND

Coney Island bietet den berühmten Luna Park, Nathan‘s Hotdogstand und den Strand. Der Zugang zu kostenlosen Fahrten und Attraktionen (nicht allen) ist im GoCity Day Pass und dem Sightseeing All-inclusive Pass enthalten.

GRAFFITI-TOUREN & WORKSHOPS

Graffiti-Touren und Workshops sind für Kinder ein Highlight. Eigene Erkundungen in Bushwick sind ebenso möglich.

SPIELPLÄTZE IN NEW YORK

Für Familien mit kleinen Kindern sind Spielplätze eine willkommene Pause. Eine Karte mit vielen Standorten und Einrichtungen:

BASKETBALL UND ANDERE EVENTS IM MADISON SQUARE GARDEN

Der Madison Square Garden bietet sportliche Events für die ganze Familie.

AMERICAN GIRL STORE

Der American Girl Store bietet ein einzigartiges und sehr spezielles USA-Einkaufserlebnis für Mädchen.

INTREPID MEER-, LUFT- UND RAUMFAHRTMUSEUM UND AMERICAN NATURAL HISTORY MUSEUM

Diese Museen sind lohnenswerte Ziele für technisch und naturwissenschaftlich interessierte Kinder und sind in den Sightseeingpässen enthalten.

LOW BUDGET TIPPS

New York ist zweifellos teuer, aber es gibt Möglichkeiten, auch preiswert Urlaub zu machen. Die Frage ist, ob und wo Abstriche gemacht werden möchten. Vor der Anreise ist eine Budgetaufstellung nicht verkehrt, damit eine unangenehme Überraschung ausbleibt. Ein Glas Wein unter 16 $ bekommt man z. B. nur zur Happy Hour.

SIGHTSEEINGPÄSSE

Besonders empfehlenswert sind Sightseeingpässe, um das Budget zu planen. Mit ihnen ist im Voraus bezahlt worden, sodass Eintrittspreise keine Sorge bereiten müssen. Es gibt zwei Arten von Pässen: Eine erlaubt den Besuch aller Attraktionen an aufeinanderfolgenden Tagen, die andere bietet flexiblen Zugang zu ausgewählten Attraktionen über einen längeren Zeitraum. Inbegriffen sind unter anderem Aussichtsplattformen, Museen, Schiffsfahrten und geführte Touren. Alle weiteren Informationen finden sich auf den drei Anbieterseiten.

Sightseeing Pass*:
Unbegrenzte Attraktionen je Tag oder 2-12 frei wählbare Attraktionen innerhalb von 90 Tagen

GoCity Pass*:
Unbegrenzte Attraktionen je Tag oder 2-12 frei wählbare Attraktionen innerhalb von 90 Tagen

CityPASS*:
5 Attraktionen innerhalb von 9 Tagen

GÜNSTIG ESSEN

- Lunch Specials: Lunch ist preiswerter als Abendessen. Die Lunch-Specials sind beliebt, kosten zwischen 13 und 25 $ plus Steuer und Trinkgeld, inklusive Salat oder Suppe.
- Food Trucks: Vertrauenswürdige Option für günstiges Mittagessen (8–12 $), mit Qualitätshinweisen für Hygiene, wenn ein blaues A am Truck hängt.
- Pizza: Viele Anbieter bieten Pizzastücke für 1 $ oder etwas mehr an.
- Too Good To Go App: Essen, das nicht verkauft wurde, wird von Restaurants und Bäckereien über diese App angeboten (4–7 $).
- Matto: Günstige Fastfood-Kette mit Rabatten über die App.

TRINKGELD UND GEBÜHREN

Achtung bei Trinkgeld und Steuern: Auf den Preis kommen Tax (Steuer) und in Restaurants bei Tischservice 20 % Tip (Trinkgeld) hinzu. Manchmal ist das Trinkgeld aber schon mit einberechnet. Auf der Rechnung wird das als Gratuity ausgewiesen. Also die Rechnung genau anschauen.

KOSTENGÜNSTIGE AKTIVITÄTEN

- Gratis Sehenswürdigkeiten und Museen: Viele Attraktionen wie Brooklyn Bridge, High Line, Central Park kosten keinen Eintritt.
- Museen oder Zoos kann man zu gewissen Zeiten gratis besuchen oder man zahlt so viel, wie man möchte. Informationen dazu findet man auf der jeweiligen Website.

GÜNSTIGE HOTELS

- Hotels in New Jersey: Mit der Path-U-Bahn nach Manhattan.
- Hotels in Queens oder Brooklyn: Gute Anbindung per Subway.
- Buchung von Hostels über die Plattform **www.hostelworld.com**
- Besondere Empfehlungen Manhattan: Canal Loft Hotel, West-Side YMCA, Leo House.

SPAREN BEI MUSICALS UND KONZERTEN

- TKTS-Kasse am Times Square / Lincoln Center: Vergünstigte Tickets für Musicals und Theater.
- TodayTix App: Informationen und Angebote für Musicals plus online Ticketverkauf.
- Broadway Roulette: Überraschungstickets für 49–59 $.
- Off-Broadway und Off-Off Broadway: Kleinere Theater bieten preiswertere Aufführungen.
- Gratis Konzerte: Juilliard School, Lincoln Center Atrium, Parks wie Central Park, Bryant Park. Auf der jeweiligen Homepage nach aktuellen Veranstaltungen schauen.

GRATIS KULTUR IN DEN SOMMERMONATEN

- Kostenlose Kinovorstellungen, Konzerte und Events in Parks können leicht über Google gefunden werden.
- „Free Tours by Foot": Geführte Touren auf Englisch mit selbstbestimmtem Preis (ganzjährig).
- „Big Apple Greeter": Persönliche Stadtführungen von New Yorkern kostenlos erleben (ganzjährig).

GÜNSTIG EINKAUFEN

- Woodbury Outlet Center: Viele kostengünstige Markenartikel – nur per Bus/Auto erreichbar.
- The Mills at Jersey Gardens: Weitere Möglichkeit zum Einkaufen – etwas näher.
- Empire Outlet: Mit der Staten Island Ferry erreichbar – klein, dafür nah und schöner Weg.
- Thrift Shops: Secondhand und Vintage – per Suchmaschine finden sich unzählige in New York.
- Macy's am Herald Square – sie haben immer besondere Angebote und eine große Auswahl.

BILD- UND ABBILDUNGS-VERZEICHNIS

Illustration S. 10 von Musabbir Hossen

Alle Fotos von Sonja Bredel, bis auf die nachfolgend genannten

Depositphotos — Die Ersteller sind:
S. 7 rabbit75_dep, S. 12 Melpomene, S. 14 oben kasto, S. 17 oben bloodua, S. 17 unten antb, S. 24 deberarr, S. 32 oben Chumakov16, S. 35 Melpomene, S. 36 sepavone, S. 49 littleny, S. 58 Albachiaraa, S. 60 candycritic, S. 65 zhukovsky, S. 70 rabbit75_dep, S. 71 cla1978, S. 72 revoc9, S. 86. Wirestock, S. 88 unten appalachianview, S. 97 ingus.kruklitis.gmail.com, S. 118 rabbit75_dep, S. 119 oben ingus.kruklitis.gmail.com, S. 120 oben haveseen, S. 137 deberarr, S. 138 oben rorem, S. 138 unten william87, S. 139 damedeeso, S. 144 MianHamza.
Andere: S. 73 unten Jonas Bergmann

Eine Information zu einem der aufgeführten Orte im Reiseführer hat sich geändert? Ein Café hat mittlerweile geschlossen? Dies kann aufgrund der dynamischen Veränderungen in New York sehr schnell geschehen. Bitte zögere nicht, uns per E-Mail unter info@guava-verlag.de zu kontaktieren und Feedback zu geben! Deine Rückmeldungen helfen uns, den Reiseführer für dich und alle anderen Reisefans stetig weiterzuentwickeln!

IMPRESSUM

Deutschsprachige Erstausgabe Januar 2024

Autorin: Sonja Bredel
Wird vertreten von: Jonas Bergmann
Wilhelm-Lukan-Straße 86, 34128 Kassel
info@guava-verlag.de

Bibliografische Information Der Deutschen Nationalbibliothek
Die Deutsche Nationalbibliothek verzeichnet diese Publikation in der Deutschen Nationalbibliografie. Detaillierte bibliografische Daten sind im Internet über http://dnb.dnb.de abrufbar.

Covergestaltung und Satz: Wolkenart – Marie-Katharina Becker, www.wolkenart.com
Lektorat & Korrektorat: Jonas Bergmann

Alle mit * gekennzeichneten QR-Codes enthalten Affiliate-Links.
Es entstehen keine Mehrkosten.

1. Auflage
ISBN: 978-3-9826006-0-4

Printed in France by Amazon
Brétigny-sur-Orge, FR

19194940R00085